皮膚ねじりダイエット

JUST TWIST THE SKIN DIET

元ミス ワールドジャパン　ビューティー アドバイザー
新居理恵
RIE ARAI

日本美容再生医療学会代表理事／医師 山口修司 監修

sanctuary books

エステティシャンが
「本当に教えちゃうの!?」
と公開を拒んだ注目のダイエット、
ついに公開!

約2週間でヤセる
早い人は2〜3日で細くなる

痛くない

やり方はかんたん
皮膚の表面をねじるだけ

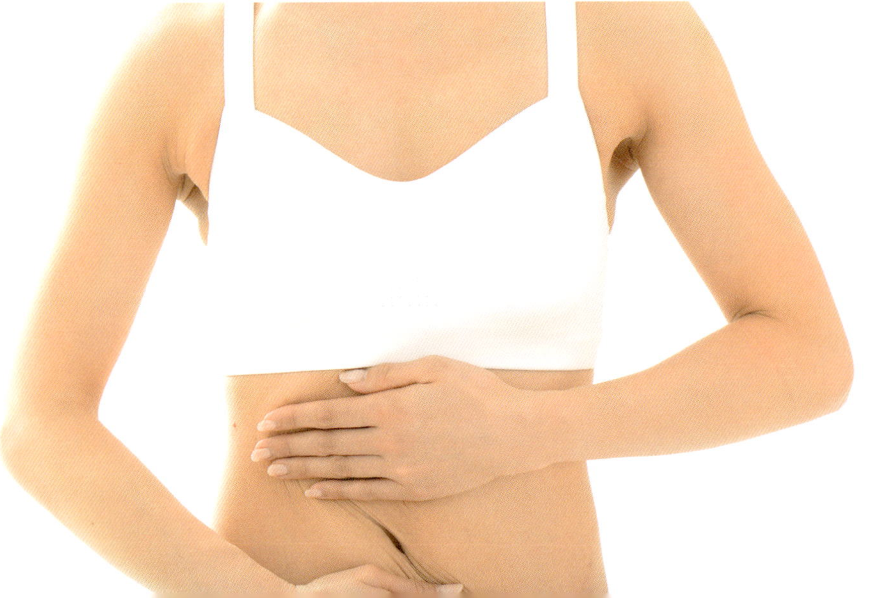

あらゆる年代で効果が出る

2〜5分の手軽さ

いつでもどこでもできる

しかも医師監修のもと
開発された施術だから安心

これが「軟部組織リリース」、
通称「皮膚ねじりダイエット」

ヤセました！

自宅で
2weeks
TRY!

Before

下腹部が全然へこまない……。
肌もすぐに荒れてしまう。

30代
Nさん

身長161cm

Before DATA

体重　52.7kg
二の腕　27cm
ウエスト　73.7cm
ヒップ　87.5cm
太もも　43.5cm
ふくらはぎ　32.2cm

Nさんの悩み

お腹がポッコリ出てしまうのが悩みです。
ピッタリした服を着こなしたいのに、お腹が目立ってしまって落ち込みます。
あと二の腕も気になっています……。
肌荒れも治したい！

私たち、本当に

After

フェイスラインもすっきり。
ウエスト-9.7cm驚きのくびれ！

体重
−2.7
kg

二の腕
−2.2
cm

ウエスト
−9.7
cm

ヒップ
−2.1
cm

太もも
−3.5
cm

ふくらはぎ
−0.4
cm

After DATA

体重　50kg
二の腕　24.8 cm
ウエスト　64cm
ヒップ　85.4cm
太もも　40cm
ふくらはぎ　31.8cm

２週間後の感想

お腹がかなりへこみました！　そして気になっていた二の腕も引き締まりました。
皮膚がふっくら、やわらかくなって、お肌を誰かに触って欲しくなりました（笑）。
女性らしくなった自分に驚いています。
振り返ってみると、自分の体をいたわることってあんまりなかったなあと。
肌を触ることで、自分の体を見つめ直す素敵な時間ができました！

Before

下半身が悩みの種。
ダイエットも続かない！

30代
Aさん

身長167㎝

Before DATA

体重　62.8kg
二の腕　30.5㎝
ウエスト　72.5㎝
ヒップ　98.8㎝
太もも　50.8㎝
ふくらはぎ　36.4㎝

Aさんの悩み

ヒップ、太ももの裏、下腹部に悩んでいます。
あと生理になるとだるさが取れません。
仕事をしながら9歳になる双子の男の子を育てていて、ダイエットしようと思っても続かないのも悩みです。

After

とくに腰まわりが締まった！
肩コリもラクに。

体重
−1.0
kg

二の腕
−2.0
cm

ウエスト
−5.0
cm

ヒップ
−5.0
cm

太もも
−1.6
cm

ふくらはぎ
−1.3
cm

After DATA

体重　61.8kg

二の腕　28.5㎝

ウエスト　67.5㎝

ヒップ　93.8㎝

太もも　49.2㎝

ふくらはぎ　35.1㎝

２週間後の感想

いちばん効果を実感したのは、腰まわりと背中、太ももでした！
生理痛も軽くなってうれしいです。冷えもやわらぎました。
皮膚がやわらかくなって肩甲骨が広がったのを感じますね。肩コリがラクになりました。
何といってもやり方がかんたん。これなら続けられそう！

40代

Iさん

身長160cm

After

ゆがみが消えて背すじもピンッ！

Before

上半身がゆがんでいる……。

２週間後の感想

ウエストラインがすっきりして自信が出ますね。
便通がよくなって、ファンデーションのノリもよくなりました。
あと意外なところでは、背中はすっきりしたのに**バストアップしたのがうれしい！**

Iさんの悩み

上半身全体が気になっています。
とくにくびれが欲しいです！
あと背中がなかなかヤセなくて悩んでいます。
鏡を見ると肩の位置が左右対称ではないので、ゆがみもひどいと思います……。

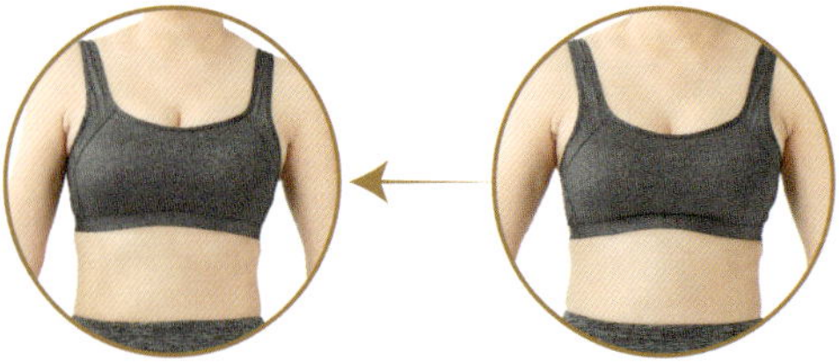

バストアップ

50代
Mさん
身長154cm

After

タイトな服も着られるように！

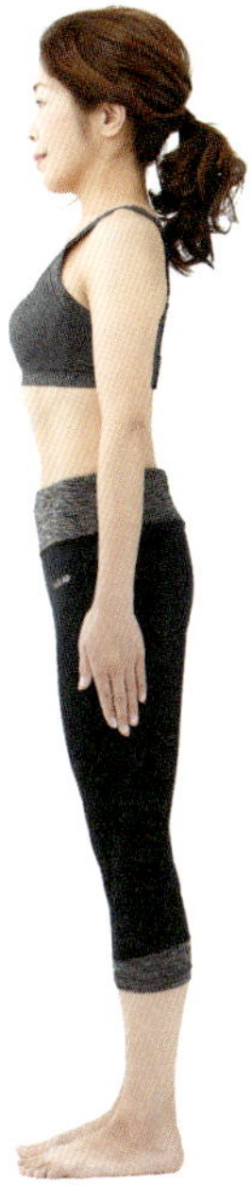

Before

ポッコリお腹をどうにかしたい。

ウエスト −4.9cm

ヒップ −1.8cm

２週間後の感想

ポッコリしていたお腹が変わりました！

お腹も背中も、つまめるぜい肉の量が少なくなってうれしいです。

起床時に感じていた肩のコリも解消されました。

2年前に一目ぼれして購入した服を、着る勇気がなくてずっとクローゼットにしまい込んでいたのですが、今日は自信をもって着られました！

Mさんの悩み

お腹、とくに下腹部が悩みです。

あとは、昔は全然ついていなかった背中のぜい肉が気になっています……。

ジムへ通っているのにまったく変化なしで悲しい今日このごろ。

肩コリもひどいです。

60代 Kさん

身長152cm

After：2週間で変化が出た。むくみ体質も緩和！

Before：いろいろ試してもヤセない……。

２週間後の感想

お腹がへこんだのを感じます。前かがみになるのがラクになりました！
お尻もキュッとなり、うれしいです。
あとは、**体がむくみにくくなりました**。
夕方になると足がパンパンだったのですが、スムーズに靴を履いたり脱いだりできるように。
呼吸もラクになり、たっぷり酸素が体内に入っていくのを感じます。
体も温かくなりました！

Kさんの悩み

とにかくお腹の脂肪を取りたいです！　あとはヒップアップ。
基礎体温が低いのも気になっています。
昔はちょっと太ったなと感じたら、食事の量を調整したり運動したりすれば元に戻りましたが、60代になって体形が戻りづらくなりましたね。

自宅で2週間
うれしい結果が、続々出ています!

80人の方々に、皮膚ねじりダイエットを2週間
ご自宅で試していただきました。

二の腕−2.3cm/ウエスト−5.8cm/ヒップ−3.8cm/太もも−2.5cm/ふくらはぎ−2.1cm

20歳

ヤセた?と聞かれるのが快感でした。長年の悩みだった便秘も改善しました!

二の腕−2.5cm/ウエスト−7.8cm/ヒップ−2cm/太もも−3cm/ふくらはぎ−2cm

26歳

短時間でかんたん!　見た目が変わったのが自分でもわかります。

ウエスト−7cm/太もも−1.5cm/ふくらはぎ−1.5cm

30歳

かんたんで続けやすい!　マッサージ後は全身が温かくなり、体が軽くなったように感じました。

二の腕−4cm/ウエスト−3cm/ふくらはぎ−5.7cm

44歳

血行がよくなり足先の冷えが軽減して、過ごしやすくなりました。こんなにサイズダウンしてびっくり!

ヒップ−5cm/太もも−3cm/ふくらはぎ−2cm

46歳

腕がパンパンで固かったのがやわらかくなってゆるゆるです!　脚がすっきりして細くなりました。バストも正しい位置になりやわらかく、かつサイズアップしたのは棚からぼたもちでした(笑)。

二の腕−5.3cm/ウエスト−6.5cm/ヒップ−3.5cm/太もも−6cm/ふくらはぎ−3.5cm

48歳

旅行やパーティーでいつもより食べたのに結果が出たので驚きました!

二の腕−1.1cm/ウエスト−4.2cm/ヒップ−1.9cm/太もも−1.6cm/ふくらはぎ−2.2cm

58歳

やり方がラク。マッサージした翌朝には、体重が200〜300gは減りました。

はじめまして！　新居理恵と申します。

今でこそ多くの方に「スリムですね！」といっていただける私の体形ですが、20代までずっとダイエット中毒でした。顔がむくみやすく、太ってはヤセて、ヤセては太っての繰り返し。リバウンドに悩む日々でした。だから、自分の体形にコンプレックスをもつ女性の気もち、痛いほどよくわかります。

そんな経験をもとに32歳でエステサロンを開業。会社も設立し、エステ商品や技術の開発にも乗り出します。

２０１３年には他社に先駆けて、筋肉をおおう膜である筋膜に着目した「筋膜リリース」をメニュー化し、大反響をいただきました。しかし自信を深めていく一方で、どうしても拭えない悔しさがありました。

それは

「エステに通ってもヤセない」

「筋膜リリースが痛くてできない」
といった一部のお客様の声があったこと。
あと1㎏でもいいからヤセたい！　1㎝でもいいから細くなりたい！　でも結果がなかなか出ない……。
そんな女性の気もちを思うと、切なくて仕方なかった。悲しくて仕方なかった。なぜなら、それはかつて自分が感じてきた悔しさでもあったからです。

そんな中、もっとかんたんに効果の出るエステメニューができないかと、試行錯誤して開発したのが「軟部組織リリース」でした。
結果が出る人、出ない人は、一体何が違うのだろう？
研究を重ねて見えてきたのは「皮膚のゆがみ」でした。

いくら骨格を整えても、筋肉をほぐしても、全身をおおう皮膚そのものがゆがんでいては、意味がない。そんなシンプルなことに気づき、医師監修のもと、プロ野球チームの顧問トレーナー松岡一儀氏、人気エステティシャン小田実世子氏とともに開発したのが「軟部組織リリース」です。

「筋膜リリース」と違って、ソフトタッチで痛くない、けれど着実に効果が表れる「軟部組織リリース」はあっという間に人気メニューとなりました。

これまでのエステメニューではヤセなかった、あるいはヤセにくかったお客様がどんどんサイズダウンしていく様子を見て、これなら多くの人がヤセられる！　と手応えを感じたのを覚えています。

現在では、結果が出るダイエットメニューとして、全国各地のサロンに導入され、約2万人の方々が「軟部組織リリース」を受け、効果を実感されています。

その「軟部組織リリース」を自宅でだれでもできるようアレンジしたのが、この本です。

忙しくてエステに通えない、近くにエステサロンがないなど、いろいろな理由でエステに行けない方にも、この効果をぜひ体感して欲しいという思いから生まれました。

体重が減る、細くなる以上に、女性はヤセるとどんどん美しくなっていきます。

たとえば今回参加してくださった5人のモニターの方々。ビフォー撮影と、2週間後のアフター撮影で表情がまったく違っていました。

「以前は入らなかったスカートが入るようになったんです！」
「むくみが軽くなって、毎日の生活がラクになりました」
「彼氏ができそうな予感がします（笑）」

キラキラした表情でこんな言葉が口をついて出てくる様子を見て、こちらがまぶしく感じたくらいです。

このように、「ヤセる」ことは、その言葉の意味以上のものを人生にもたらしてくれると私は信じています。
ひとりでも多くの女性が、自分の体に自信をもてるようになりますように。
そして幸せを手に入れられますように。

Contents

私たち、本当にヤセました！

皮膚ねじりダイエットが効く理由

皮膚ねじりダイエット メニュー

皮膚ねじりダイエットを始める前に —————————————————— 30

皮膚ねじりのポイント ———————————————————————— 31

ウォーミングアップ ———————————————————————— 2分 — 32

1 ほっそり 脚メニュー ————————————————————— 5分 — 34

2 小尻ヒップメニュー ————————————————————— 3分 — 46

3 くびれウエストメニュー ———————————————————— 3分 — 52

4 脱・プルプル 二の腕メニュー —————————————————— 2分 — 60

5 見とれる首・デコルテメニュー ————————————————— 3分 — 66

6 すっきりヘッドメニュー ———————————————————— 3分 — 72

7 小顔フェイスメニュー ————————————————————— 5分 — 80

COLUMN「腸のケア」が、「ヤセる」を加速する ——————————————— 90

ご協力いただいたサロン一覧 ——————————————————————— 94

お断り

● 妊娠中、妊娠していると思われる方、特定の疾患がある方、何らかの治療を受けている方は医師に相談をしてください。

● マッサージ中に調子が悪くなった、気分が悪くなったなど、体に異常を感じた場合はすぐに中断してください。

● 効果には個人差があります。また、保証できるものではありません。

デザイン　井上新八
DTP　小山悠太
撮影（モデル）　橋詰かずえ
撮影（モニター）　大同香代子
モデル　森田麻恵（SATORUJAPAN）
ヘアメイク（モデル）　吉野麻衣子
イラスト　園田レナ
校正　株式会社ぷれす
協力　株式会社マッコイ
株式会社サンミュージックプロダクション
株式会社Ｆプロモーション
広報　岩田梨恵子、南澤香織（サンクチュアリ出版）
営業　津川美羽、吉田大典（サンクチュアリ出版）
編集　宮﨑桃子（サンクチュアリ出版）

皮膚ねじり
ダイエットが
効く理由

JUST TWIST THE SKIN DIET

あなたがヤセないのは、
皮膚がゆがんでいるせい。

あなたがヤセないのは皮膚がゆがんでいるせい。皮膚を元の位置に戻せば、ヤセられる。

骨格がゆがんでいる、体がゆがんでいるとはよく聞くと思いますが、「皮膚がゆがんでいる」というのは初めて耳にするかもしれません。

皮膚がゆがんでいるとは、一体どんな状態なのでしょうか？

だれかに、シャツの袖を引っ張られて形が崩れたら、元に戻しませんか？
ジャケットを着たあと、しっくりこなくて形を整えることはありませんか？

じつは人間の皮膚でも、同じことが起きています。
いつも、同じほうの手でカバンを持ったり、脚を組んで座ったり、ずっと下を見ながらスマホをチェックしたり……。

こんな習慣を続けていると、皮膚は正しい位置からどんどん離れていき、一箇所にかたよっていきます。

でも**皮膚は服のように自分でサッと元に戻せないので、ゆがんだ皮膚は間違った位置でくっついてしまう**のです。これを「癒着」と呼びます。

皮膚が癒着すると何が起きるのでしょうか？

皮膚のすぐ下にある浅層《せんそう》筋膜にも影響を及ぼし、血流やリンパの流れが悪くなります。その結果、代謝が上がらず、運動してもマッサージをしても、ヤセにくい体になってしまうのです。

ここまで読んで、「私には関係ない話！」と思ったら、要注意。

基本的に人間の皮膚はゆがんでいると思ってください。かんたんに皮膚のゆがみをチェックできる方法があります。

皮膚のゆがみ
セルフチェック

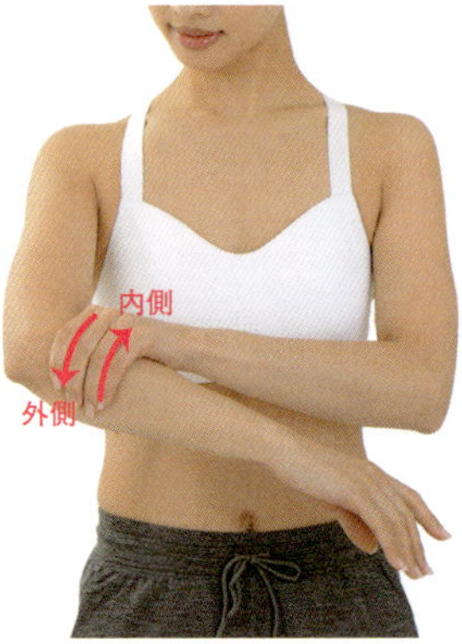

1　腕をつかむ
2　外側にねじる
3　内側にねじる

どちらのほうがねじりやすいですか？

注意！

腕は動かさない。つかんでいる手だけを動かすねじりやすさに差がありませんか？
内側にねじりやすい？　外側にねじりやすい？
腕の場合、**内側のほうがねじりやすいと感じる人が多い傾向です**。これは内側に皮膚がかたよっている証拠。無意識のうちに、皮膚が内側に引っ張られているのです。外側のほうがねじりやすい場合は、外側に皮膚が引っ張られています。これが「皮膚のゆがみ」。この現象が全身で起きています。

皮膚がゆがんだ結果

皮膚をねじると、なぜヤセるの？

大多数の人の皮膚がゆがんでいることがわかったところで、皮膚の構造を見ながら、もう少しくわしく説明しましょう。

人間の体は大まかにいうと表面から順番に、**皮膚 ↓ 浅層《せんそう》筋膜 ↓ 深層筋膜 ↓ 筋肉 ↓ 骨** で構成されています。

皮膚がゆがむと、その下にある浅層筋膜、深層筋膜、筋肉も一緒にゆがみ出します。すると**血管やリンパ管が圧迫されて、流れが悪くなり、老廃物が排出されにくい体になってしまう**のです。

この皮膚のゆがみに着目し、開発されたのが「軟部組織リリース」、通称「皮膚ねじりダイエット」です。

方法はいたってシンプル。**皮膚をねじり、皮膚とそのすぐ下にある浅層筋膜のゆがみを正常な状態に戻します**。それによって深部の筋膜や骨格筋を、正しい位置に戻していくダイエットです。

皮膚がゆがんだ状態

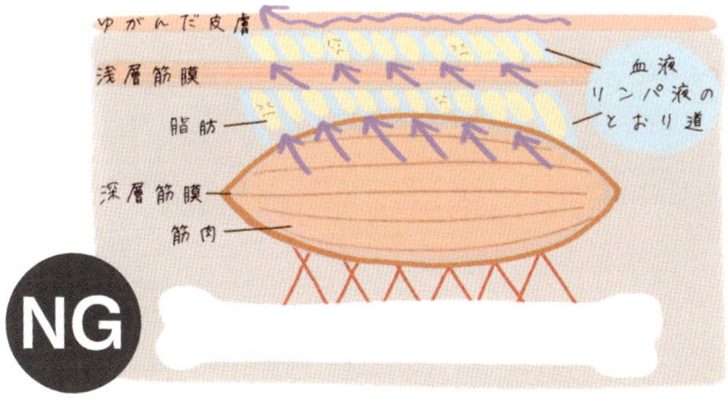

① **皮膚が浅層筋膜に癒着し、血管がつぶれる**
② 血行不良で肌が固くなり、肌色も悪くなる
③ むくみ、冷え、代謝の低下などを招く
④ **結果、ヤセにくく太りやすい体に！**

皮膚ねじりで、
皮膚のゆがみが取れた状態

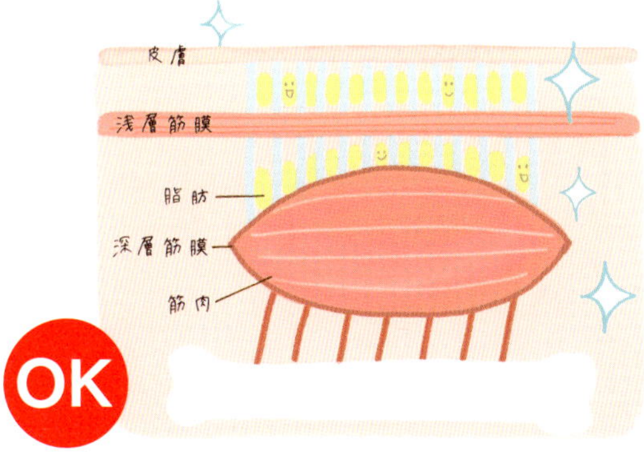

① **癒着がはがれて、血管が起き上がる**
② 血行がアップして、代謝もよくなる
③ 栄養素や酸素が毛細血管の先まで行き渡る
④ 全身が活性化する
⑤ **結果、ヤセやすく太りにくい体に！**

ヤセるだけじゃない！ 触られたくなる「やわらか美肌」にも

皮膚のゆがみを取ると、ヤセるだけではありません。

皮膚が正しい位置に戻ることで、筋肉に癒着して寝ていた毛細血管が起き上がり、**ふわふわしてマシュマロのような肌**に変わっていきます。

カーペットをイメージしてください。掃除機をかける前は毛がへたってぺちゃんこですが、掃除機をかけると空気が入り込むことで毛が立ち上がり、ふわふわになりますよね。それと同じことが人間の肌でも起きています。

また、**不調の緩和にも効果的**です。

浅層《せんそう》筋膜の癒着が取れて、筋肉などがゆるみ出し、その伝達が深部に伝わり、骨の位置が正しくなると、さらに奥にある内臓も正しい位置に戻っていきます。すると内臓や筋肉などすべてが調子よく働き出します。その結果、肩コリ、首コリ、便秘、むくみ、冷え、胃腸の不調、頭痛など、多くの不調がやわらぐのです。

Before 皮膚がゆがんだ状態

After 皮膚のゆがみを取り除いた状態

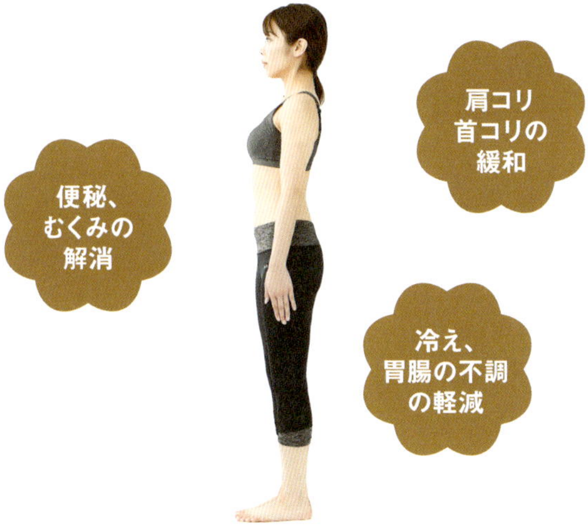

ヤセるだけではなく、
不調も緩和！

医師監修のもと、スポーツとエステのプロが開発したメソッド

この軟部組織リリース（皮膚ねじりダイエット）は医師監修のもと、プロ野球チームの顧問トレーナーと人気エステティシャンが開発したメソッドです。つまり、スポーツトレーナーの知識とエステティシャンの技術を融合した究極の手技。しかも日本美容再生医療学会代表理事の山口修司医師が監修に携わっており、医学的にも根拠のあるメソッドです。

山口医師より

医師の立場からも大変おすすめできるメソッドです。整形外科の視点からは、筋肉の血行改善、関節の可動域の改善に役立つといえるでしょう。内科の視点からは、血液循環がよくなり、リンパの流れも改善しますし、それにともない新陳代謝がアップし、多くの相乗効果を期待できます。また、細胞の活性もうながし、再生医療の観点からも役立つメソッドだといえます。子どもから高齢者までだれでもでき、自宅で安全に行なえることもメリットのひとつです。この新しいダイエットを皆様に活用していただければうれしく思います。

皮膚ねじり
ダイエット
メニュー

JUST TWIST THE SKIN DIET

脚	5分
ヒップ	3分
ウエスト	3分
二の腕	2分
首・デコルテ	3分
ヘッド	3分
フェイス	5分

皮膚ねじりダイエットを始める前に

最大限の効果を出すために、次のポイントをチェックしておきましょう。

1 おすすめのタイミングはバスタイム後&就寝前

お風呂で温まった体は、肌がやわらかくなっていて、癒着がはがれやすい状態です。湯船につかりながら行なうのもおすすめです。また筋肉は、眠りについてから2時間後につくられるといわれているので、寝る前に行なうのもベスト。バスタイム後&就寝前のタイミングが最も効果を発揮します。

2 ボディクリームやマッサージオイルを使う

皮膚の表面をねじる動きが多くあります。クリームやオイルを用いると、すべりがよくなります。

3 ウォーミングアップからスタート

ウォーミングアップ（P32）をせずに各メニューを行なうと、リンパ節に老廃物がたまり、マッサージの効果が減少します。人によっては痛みをともなうことも。
ただしすべての行程をやる必要はありません。各メニューのPOINTを確認してください。

4 2週間続ける

個人差はありますが、大体2週間続けると皮膚の癒着がはがれます。一度完全に癒着がはがれると、その状態を約1ヶ月間保てます。

【癒着がはがれた目安】

- 疲れにくくなる
- 体温が上がる
- 肌がふわふわした感触になる
- 肌が白くなる
- コリを感じにくくなる

5 気づいたときに皮膚をねじる習慣を

テレビを見ながら、電車の中や、会議中など、ちょっとしたすき間時間に皮膚をねじりましょう。服の上からでもOKです。癒着しにくい体に変わっていきます。

6 気になる部位だけでOK

すべてのメニューをやる必要はありません。気になる部位に対応するメニューを選んでください。

OK

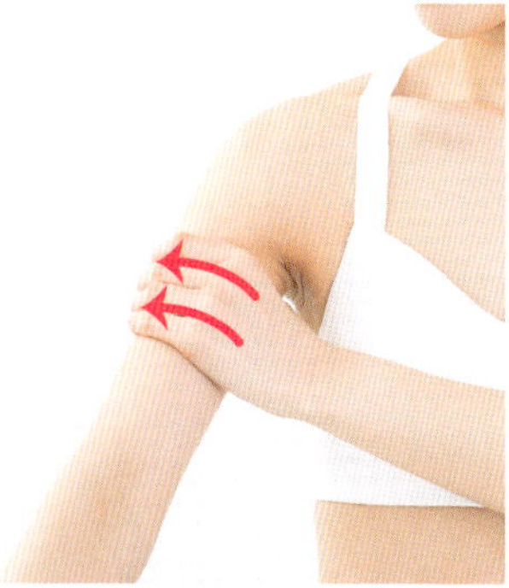

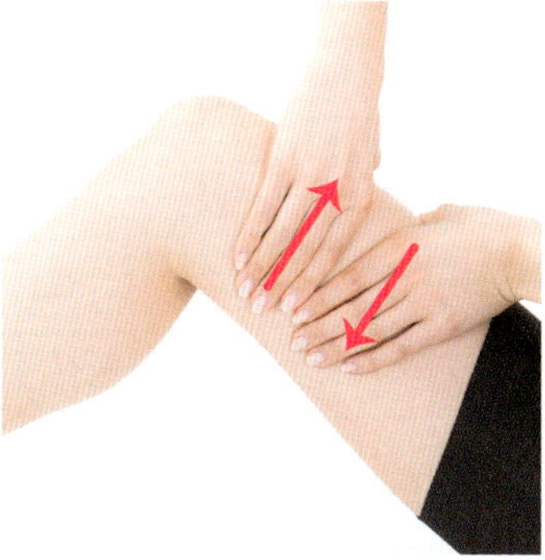

- 皮膚の表面だけをねじる。
- なるべく指と指をくっつけて、手のひら全体を皮膚に密着させる。
- ねじりにくいところがあったら、ねじる回数を増やす。
- 少し物足りないくらいの力加減が◎。スポンジを軽くクシュッとつかむイメージ。

NG

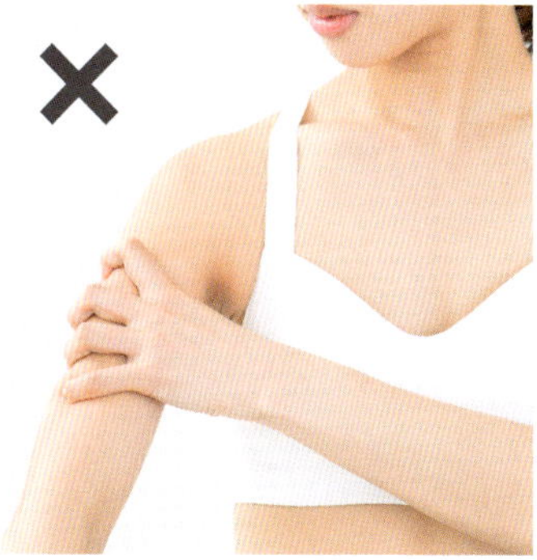

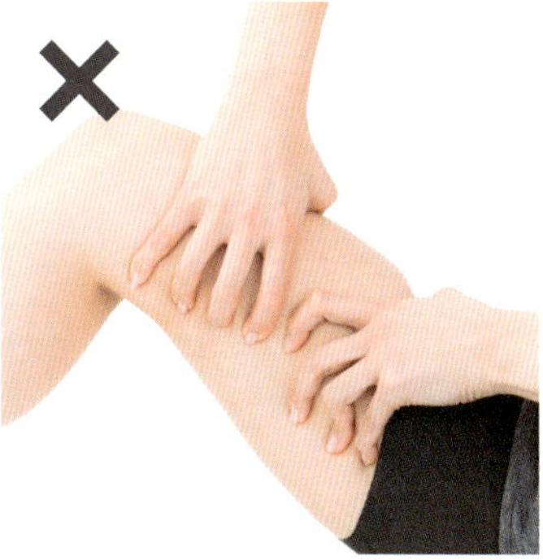

- 力を入れてねじ込んでいる。
- 指がバラバラ。手のひら全体が皮膚にくっついていない。

皮膚ねじりのポイント

皮膚ねじりは「皮膚の表面をやさしく」がキーワードです。無理に力を入れると皮膚を傷めるので注意してください。

●なぜウォーミングアップするの?

各メニューを始める前に、ウォーミングアップでリンパ節を開きます。リンパ節とは体内の老廃物がたまる場所で、老廃物を体外へ排出する機能があります。焼却炉をイメージしてください。焼却炉にゴミが溢れ返り、燃やせないゴミがたまっている。これがヤセない人のリンパ節の状態です。老廃物がたまると皮膚が固くなり、体外に老廃物を排出できなくなるので、マッサージ本来の効果が期待できません。

リンパ節ってどこ?

リンパ節の場所はいろいろありますが、本書では足首、ひざ裏、そけい部（太ももの付け根）、腹部、わきの下のリンパを刺激して、マッサージの効果を最大限に引き出します。

1 足首の老廃物を流す

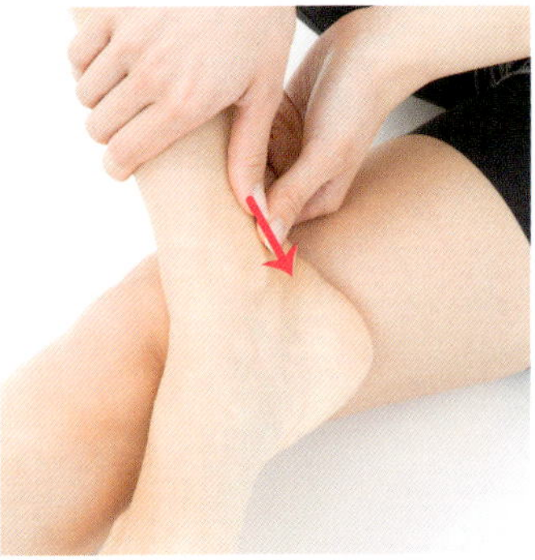

×10回

内側のくるぶしの後ろを親指で、上から下に老廃物を流します。反対側も同様に。

2 ひざ裏の老廃物を流す

CLOSE UP

手のひらをおわん型にするのがコツ。

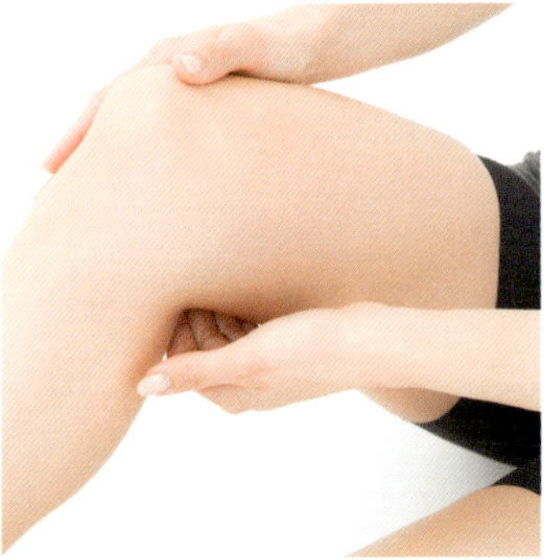

×10回

手のひらをおわんの形にして、ひざ裏を掘るようにほぐして、老廃物を流します。反対側も同様に。

3 そけい部の老廃物を流す

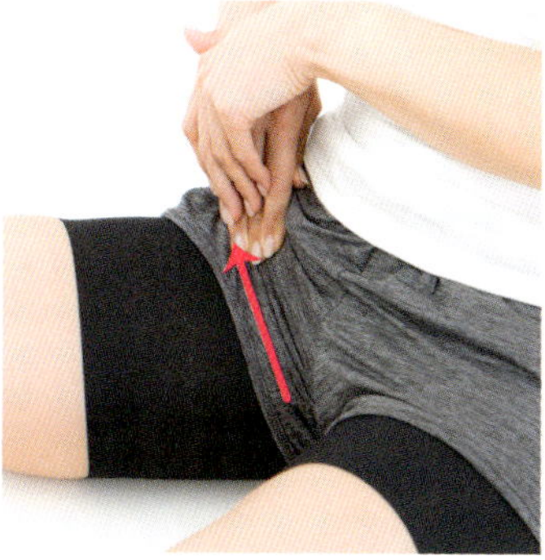

×10回

両手を重ねて、そけい部（太ももの付け根）の内側から外側に老廃物を流します。反対側も同様に。

4 お腹の老廃物を流す

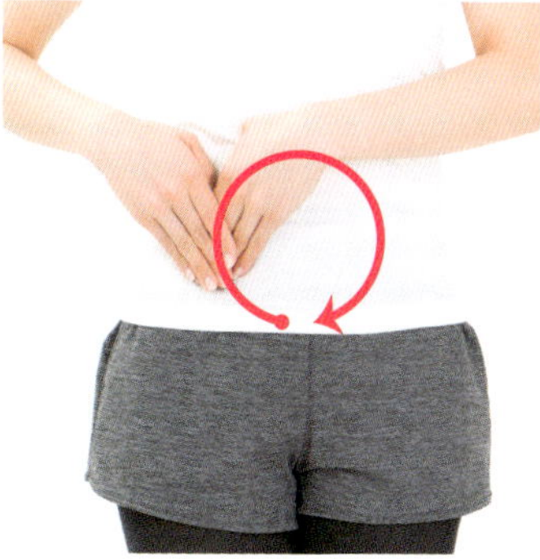

×10回

手のひらを重ねて、へその下から時計回りに老廃物を流します。

5 わきの下の老廃物を流す

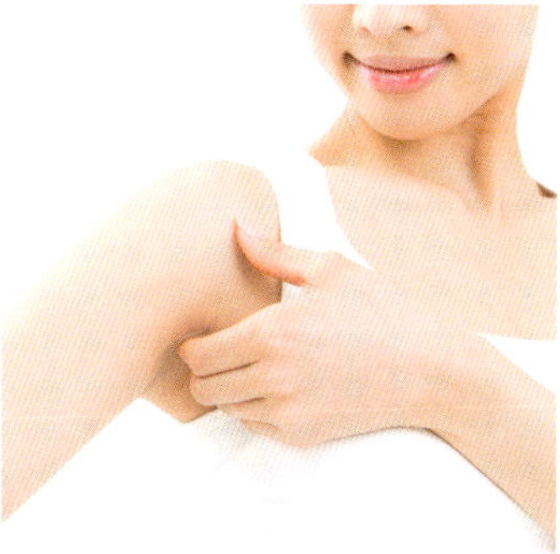

×10回

かき出すように、わきの下をほぐして、老廃物を流します。反対側も同様に。

POINT

- **足首は重要な部位！**
  じつは足首は骨盤や肩甲骨など体のいたるところと連動しているので、足首の調整が全身の調整につながる。

- **お腹もへこむ！**
  脚のねじれを正すと、お腹もへこむ効果がある。

- **まずは老廃物を流して**
  ウォーミングアップメニュー（P32）を行なう。❶〜❸だけでもOK。

> **効果**

脚が細くなる／肌が白くなる／むくみにくくなる／バストアップ／疲労感・だるさの改善／冷え性の改善／肩コリの改善

1 脚を伸ばして座る

脚を伸ばして座りましょう。肩の力を抜いてリラックス。

2 足首を回す

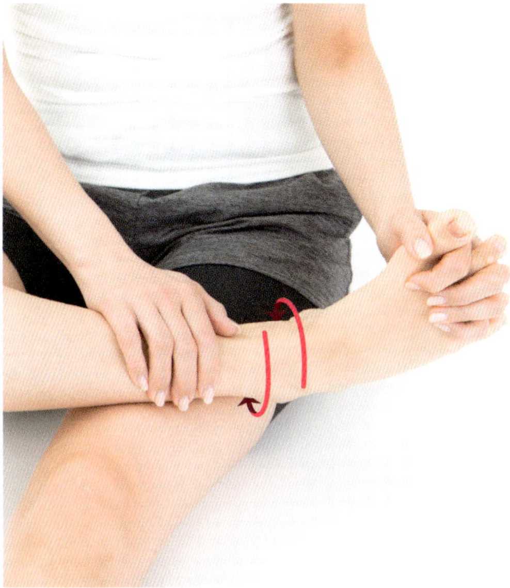

×各5回

足指の間に手指を入れて、しっかりつかみます。そのまま足首を回します。逆方向にも回しましょう。

!

足首の根元から大きく回します。
回しにくい方向は多めに行ないましょう。

3 足裏の皮膚をねじる

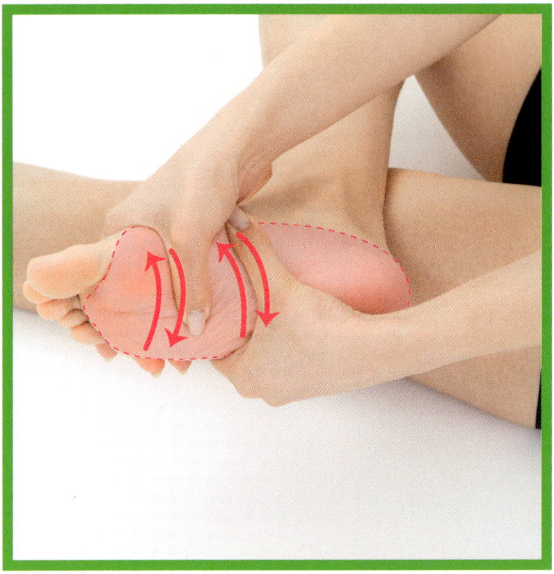

足裏を両手でつかみ、足裏全体の皮膚を左右にねじります。やさしくキュッキュッとテンポよく行ないましょう。

!

足裏の真ん中だけでなく、足指の付け根からかかとまでねじります。

ねじりポイント

足裏（足《そく》底《てい》筋《きん》膜《まく》）は地面と接触しているので、とくに皮膚が固くなっています。これが全身の滞りの原因のひとつ。足底筋膜をねじることで全身の皮膚がゆるみ出します。

4 足首の皮膚をねじる

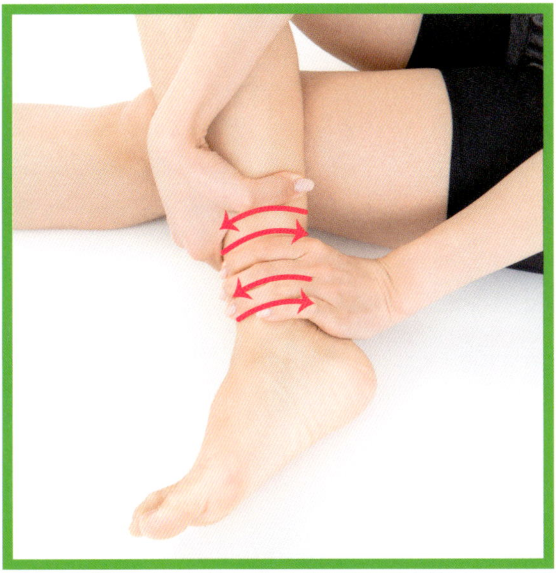

×10回

足首の皮膚を両手でつかみ、前後にねじります。
やさしくキュッキュッとテンポよく行ないましょう。

ねじりポイント

足首は筋肉と骨をつなぐ重要な部位。ここをねじってほぐすと、筋肉だけではなく骨格も正しい位置に戻りやすくなります。多くの人の足首が固くなっているので、念入りに。

!

足首はバストアップにも関係しています。

右のバストにハリが欲しいとき → 左足首をほぐす
左のバストにハリが欲しいとき → 右足首をほぐす

5 ふくらはぎの内側の皮膚をねじる

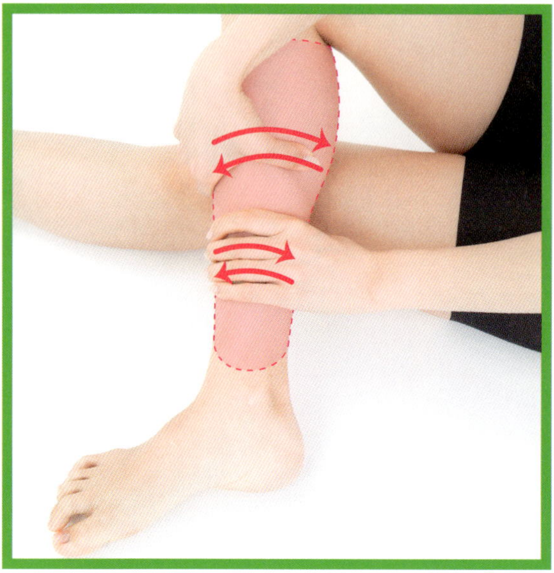

ふくらはぎの内側の皮膚を、やさしくキュッキュッとテンポよくねじります。足首からひざ下まで行ないます。

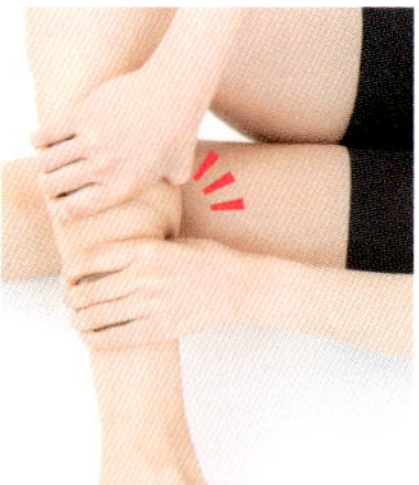

NG

強くつかんだり、もみ込んだりしないで。あくまでも皮膚の表面をやさしくねじりましょう。

6 ふくらはぎの外側の皮膚をねじる

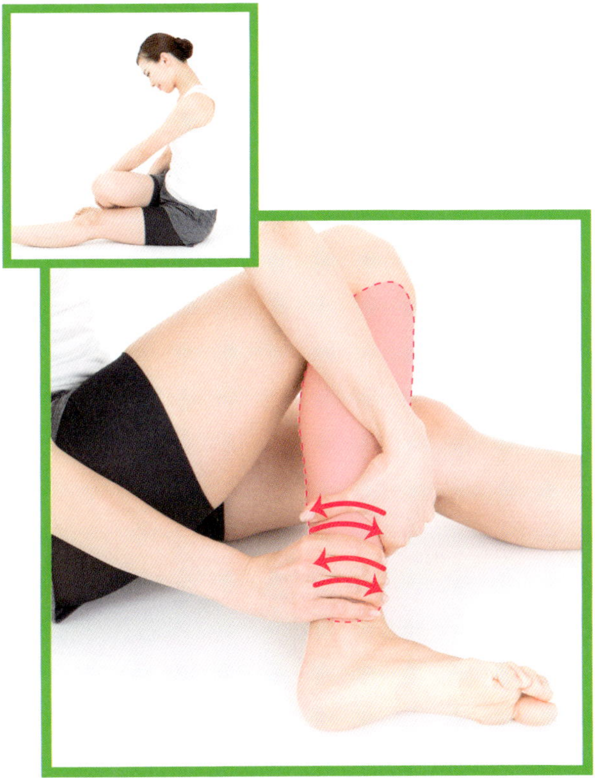

ふくらはぎの外側の皮膚を、やさしくキュッキュッとテンポよくねじります。足首からひざ下まで行ないます。

ねじりポイント

ふくらはぎの皮膚をねじると、ふくらはぎはもちろん、太もも筋肉をゆるめる効果もあります。ねじった前後に、肌色が白く変わる様子にも注目して。

7 ひざ下の老廃物を流す

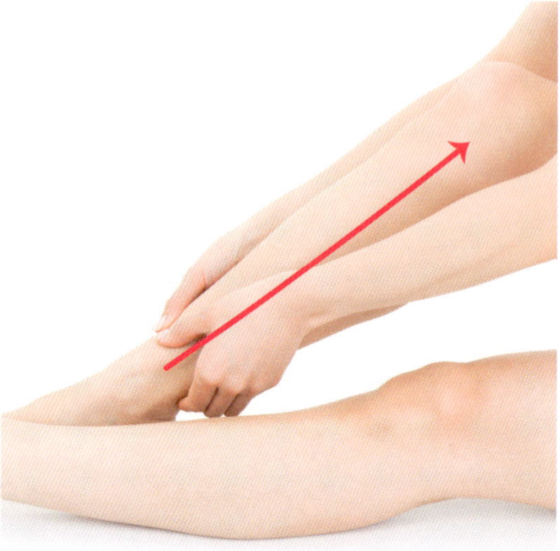

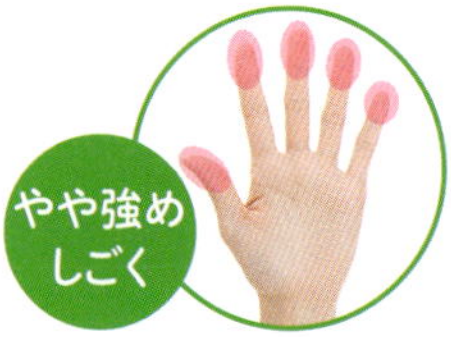

×5回

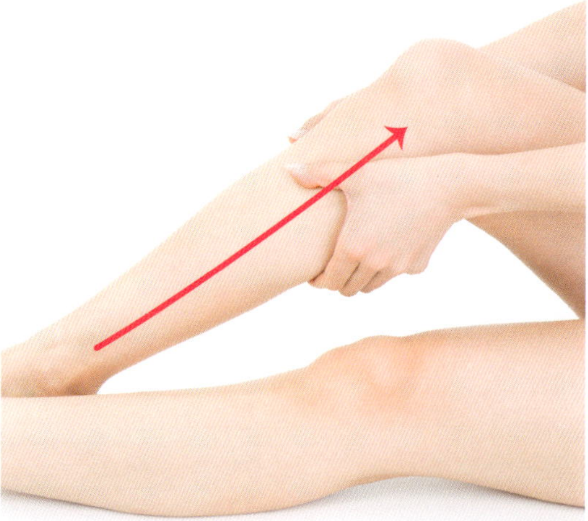

足首からひざ裏にかけて、ふくらはぎ全体を強めの力ですり上げます。老廃物を流すイメージで行ないましょう。

8 太ももの内側の皮膚をねじる

太ももの内側の皮膚を、やさしくキュッキュッとテンポよくねじります。ひざ上から太ももの付け根まで行ないます。

ねじりポイント

皮膚の表面を刺激して、内転《ないてん》筋群《きんぐん》（太ももの内側に集まる筋肉）をゆるめることで、ヤセにくい太ももの内側の血行をよくして代謝をアップします。ここは、頬《ほお》や頭部にもつながっており、顔周辺の緊張をほぐす効果があります。とくに頬のたるみに効果的です。

9 太ももの外側の皮膚をねじる

太ももの外側の皮膚を、やさしくキュッキュッとテンポよくねじります。ひざ上からお尻まで行ないます。

ねじりポイント

太ももがヤセにくい人は、太ももの外側にある大腿筋膜《だいたいきんまく》張筋《ちょうきん》が緊張状態の傾向にあります。ねじってゆるめて、リラックスさせましょう。

10 太ももの裏の皮膚をねじる

太ももの裏側の皮膚を、やさしくテンポよくねじります。ひざ裏から太ももの付け根まで行ないます。

ねじりポイント

ハムストリング（太もも裏）が張っていると、猫背になりやすく、腹筋も弱くなります。ハムストリングの緊張をほぐしましょう。

11 ひざから太ももの皮膚をねじる

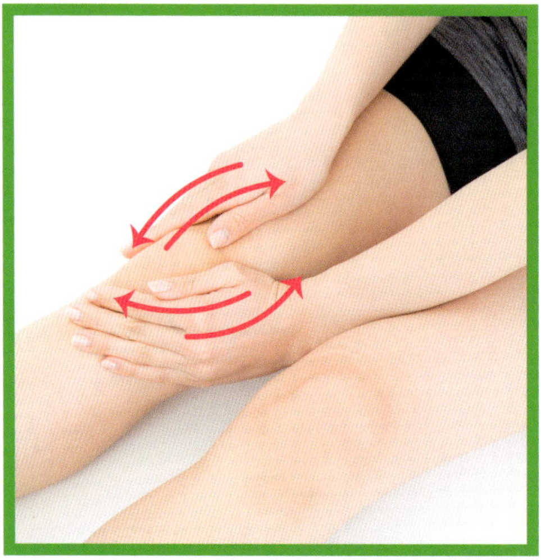

ひざを包むようにして、前後にテンポよくねじります。

そのまま太ももを転がすように、皮膚をねじります。その際、足先がブラブラと動くように行ないましょう。

ねじりポイント

足先をブラブラさせることで脱力できるようになり、足首やひざなどの関節も同時にゆるみます。関節がゆるむと、そのまわりの筋肉もゆるみ、癒着をはがす効果が高まります。

12 脚全体の老廃物を流す

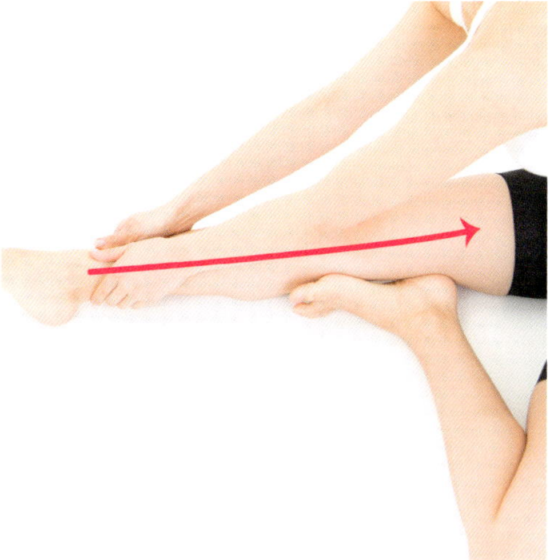

足首からそけい部（太ももの付け根）にかけて、
脚全体をすり上げます。

×5回

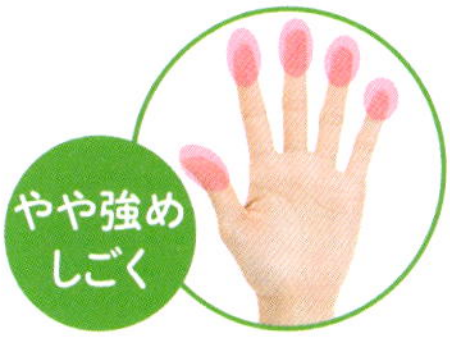

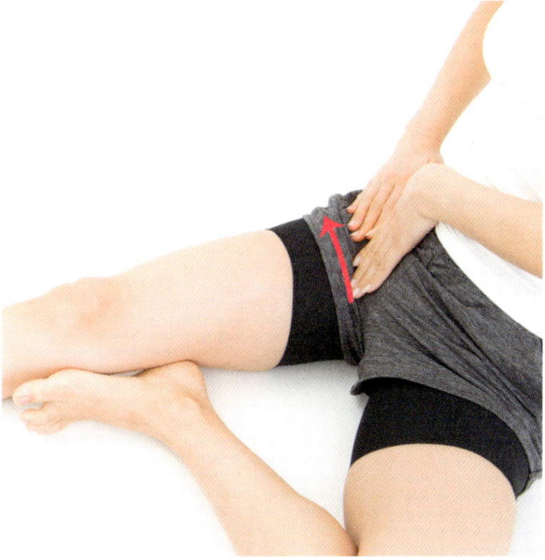

FINISH

そけい部まできたら、外側に老廃物を流すイメージで流しましょう。

反対側も同様に

POINT

● **お尻のブヨブヨを撃退！**

お尻の皮膚を正しい位置に戻すと、セルライトがたまりにくくなる。

● **腰痛予防にも！**

腰に関係する筋肉を刺激するので、腰痛にも効果あり。

● **まずは老廃物を流して**

ウォーミングアップメニュー（P32）を行なう。❶〜❸だけでもOK。

効果

小尻／ヒップアップ／お尻のたるみの改善／腰痛の改善／姿勢の改善

1 片足を椅子にのせる

片足を椅子にのせます。場所によっては座ったままでOKです。

2 太ももの裏を引き上げる

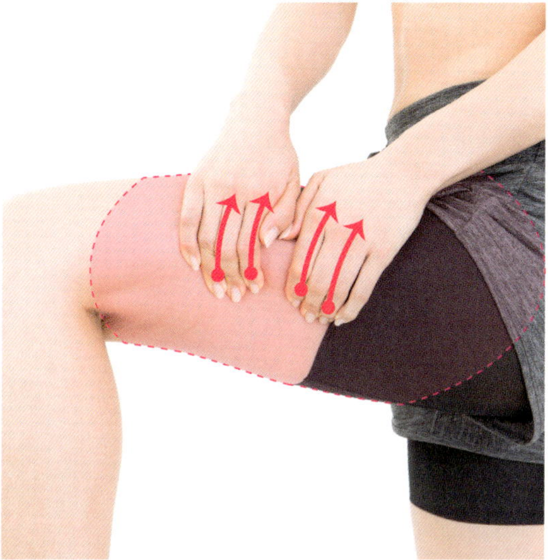

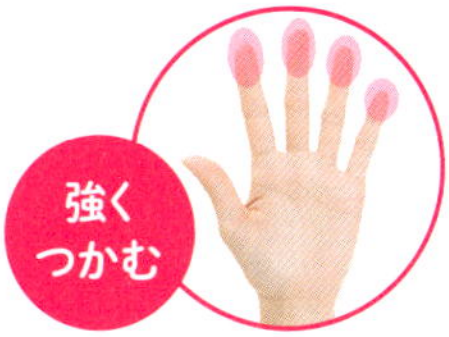

太ももの裏を割るように指先を入れて、上に引き上げます。お尻につながるところまで繰り返します。

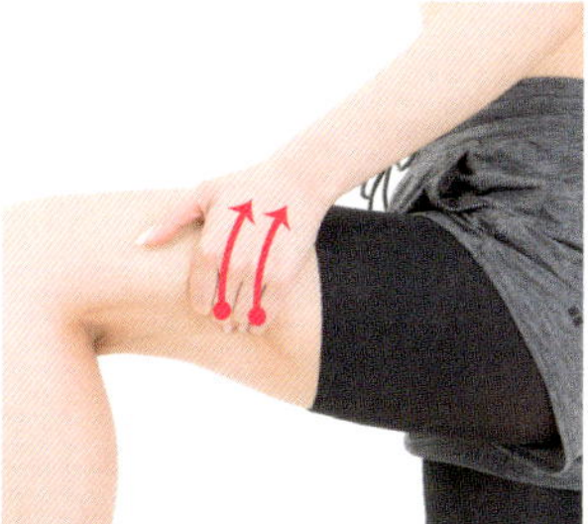

CLOSE UP

片手でもOKです。仕事中や電車の中、自宅でくつろいでいるときなど、気づいたときに座りながら行なっても。

反対側も同様に

3 腰骨から背骨にかけて圧迫する

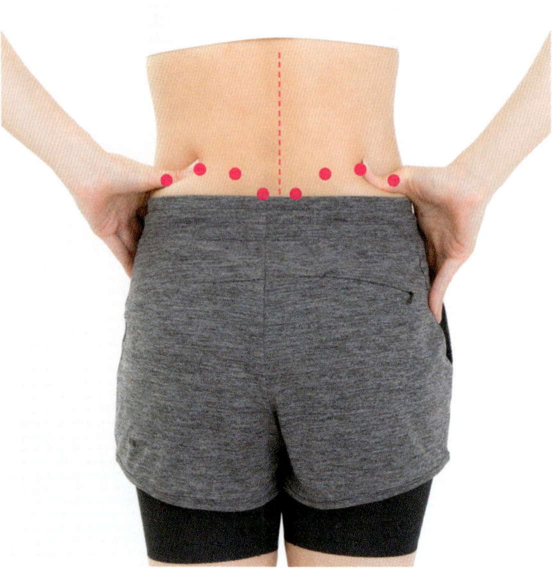

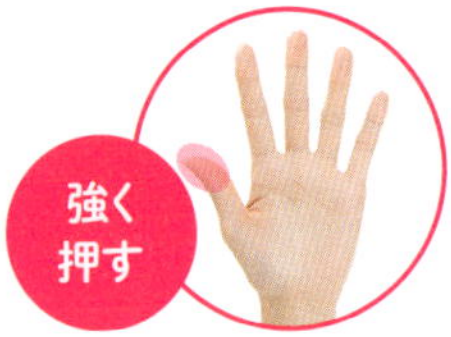

腰骨から背骨にかけて、骨盤のカーブにそうように押していきます。

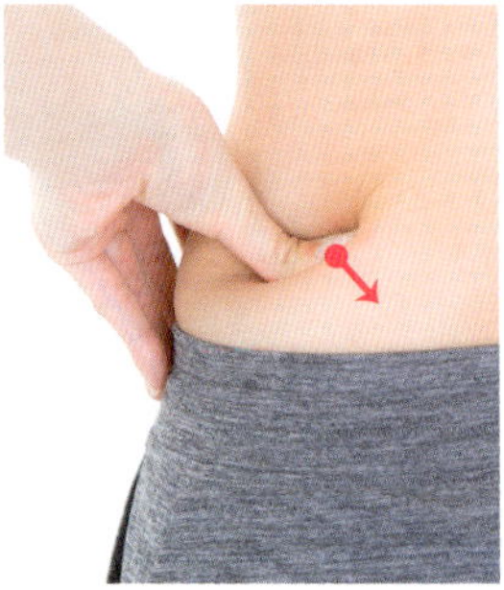

CLOSE UP

親指の腹で押しましょう。斜め上から押すイメージです。

4 腰の皮膚を上下にねじる

×10回

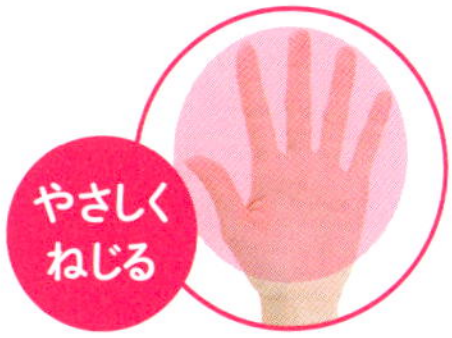

ねじりポイント

お尻の上部に、浮き輪のようにつく脂肪に効果的です。腰のゆがみを正すので腰痛の改善にも。

腰に両手をあて、上下にやさしくテンポよく皮膚をねじります。

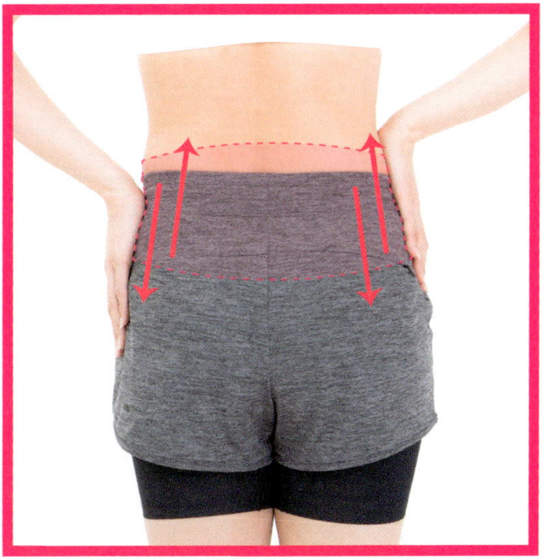

スライドさせながら腰の横まで行ないましょう。

5 お尻の皮膚を上下にねじる

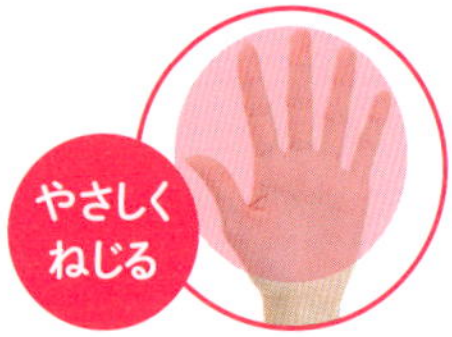

ねじりポイント

固くなってしまった大臀筋《だいでんきん》、中臀筋《ちゅうでんきん》（いずれもお尻の筋肉）をほぐすことが大切。続けるとセルライトがつきにくくなります。腰痛予防にも。

お尻の真ん中に両手をあて、上下にやさしくテンポよく皮膚をねじります。

スライドさせながらお尻の横まで行ないましょう。

6 お尻の付け根を押す

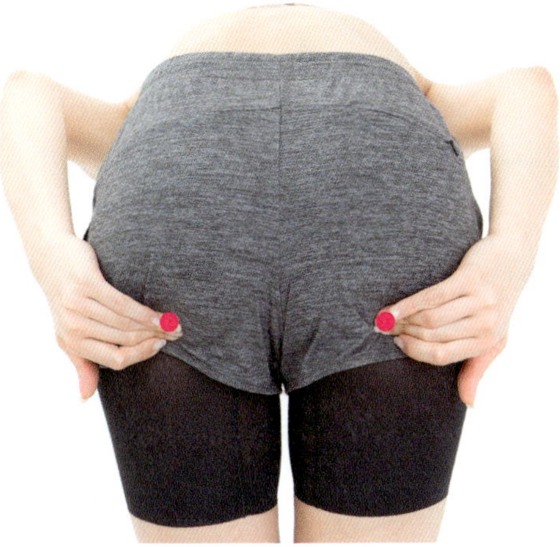

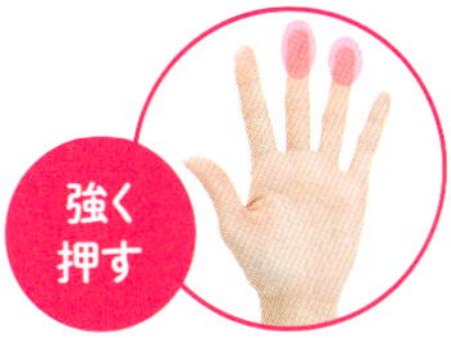

SIDE

上半身を前に倒し、お尻の付け根（坐骨の少し外側）に指を添えます。

ヒップアップのツボです。グッと持ち上げるように押しましょう。

そのまま上半身を起こして、お尻の付け根を10秒間押します。

FINISH

POINT

- **いちばん効果の出るメニュー！**
  最も効果の出やすいメニュー。どんどん上半身がポカポカになる。

- **集中力もアップ！**
  腸と脳は1億本以上の神経でつながっている。腸を刺激することで集中力が上がるメリットも。

- **まずは老廃物を流して**
  ウォーミングアップメニュー（P32）を行なう。❹だけでもOK。

効果

ウエストが細くなる／くびれができる／脂肪が燃えやすくなる／脳の活性化／冷え症の改善／便秘の改善／胃腸の不調の改善

3 ポッコリお腹が消える!? くびれウエストメニュー

1 自然な姿勢で立つ

肩の力を抜いてリラックスした姿勢で立ちます。座ったままでもOK。

3分

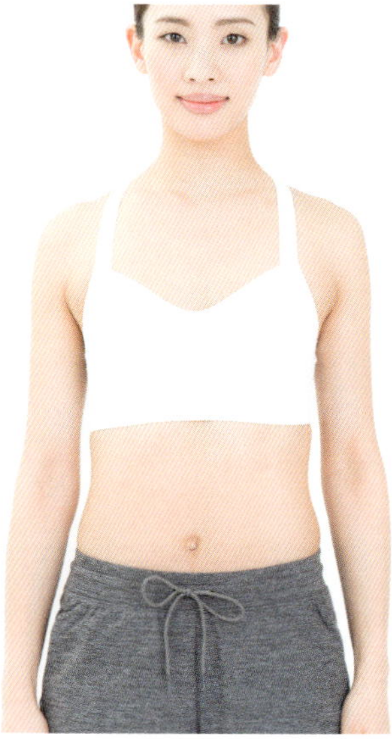

2 体の前側の皮膚を前後にねじる

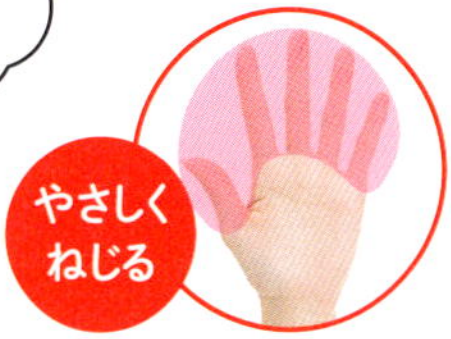

繰り返す

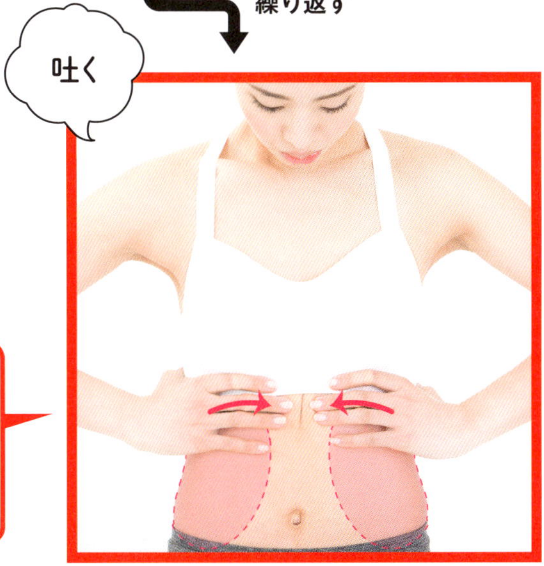

ねじりポイント

息を吐くときに、ろっ骨を軽く押しましょう。皮膚の癒着、ゆがみが取れやすくなります。

バストの下に手を添えて、皮膚を前後にねじります。やさしくキュッキュッとテンポよく。
この動きをアンダーバストから骨盤まで、少しずつずらしながら行ないます。

3 老廃物を流す

骨盤の後ろからそけい部（太ももの付け根）に向かって、やさしくさすりましょう。

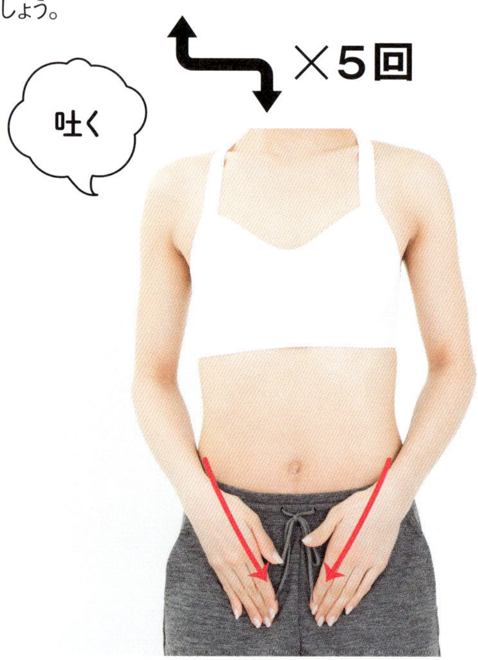

そけい部まで老廃物を流します。

4 お腹の皮膚を横とたてにねじる

吸う 吐く ×10回

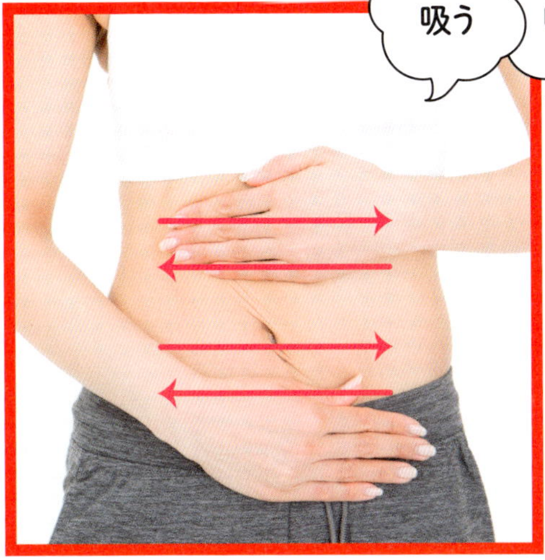

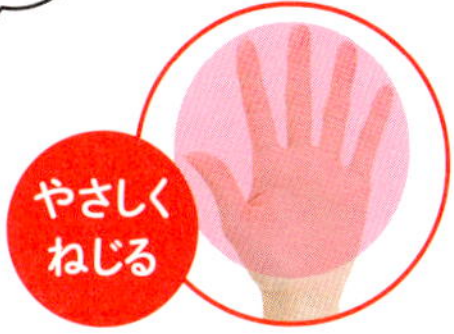

ねじりポイント

上下左右に動かすことで腹筋群（お腹まわりの筋肉）のゆがみ、癒着を取り除きます。腸と脳は1億本以上の神経でつながっているので、腸を刺激すると脳も活性化して集中力が上がります。

おへその上と下に手のひらを密着させて、左右にねじります。皮膚の表面をやさしくなでるイメージで。

吸う 吐く ×10回

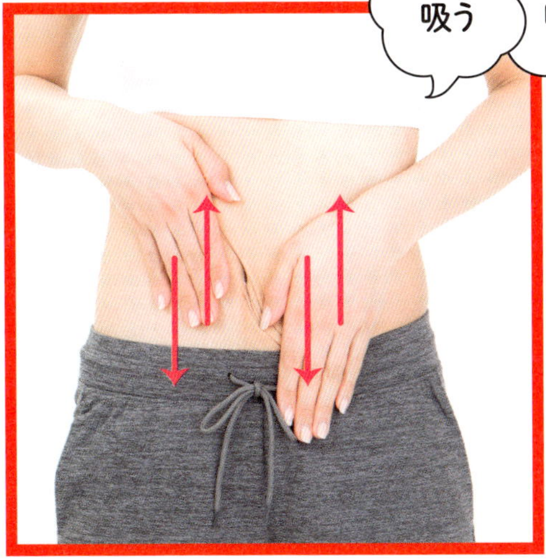

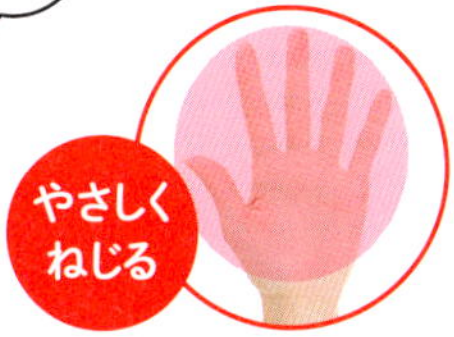

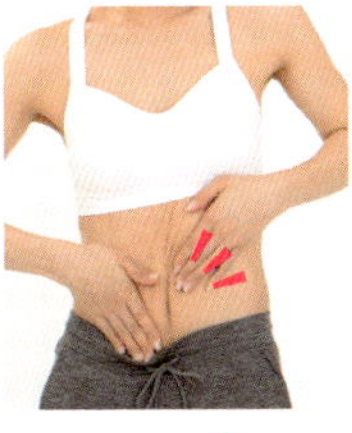

NG

お腹をグリグリ刺激したり、ギュッと押したりしないこと。腸はとてもデリケートな部位なので、ソフトタッチで行ないます。

おへその右と左に手のひらを密着させて、上下に皮膚をねじります。

5 ろっ骨の内側を押す

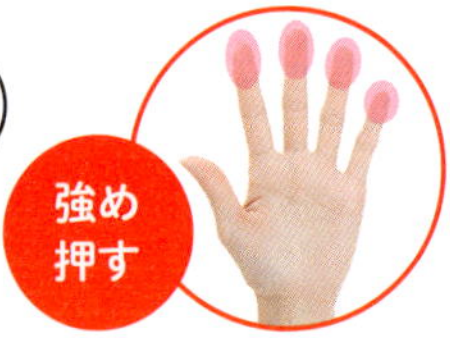

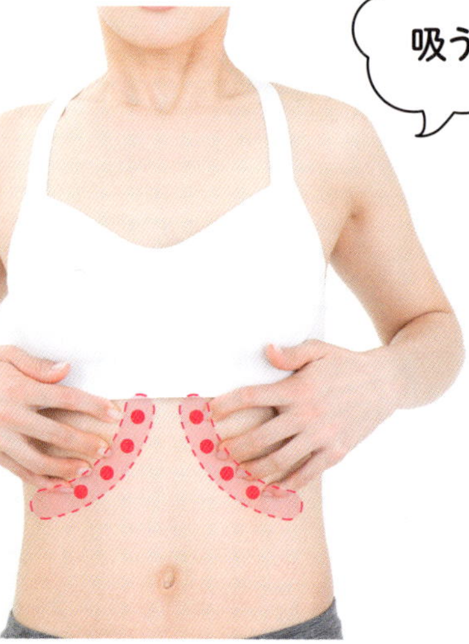

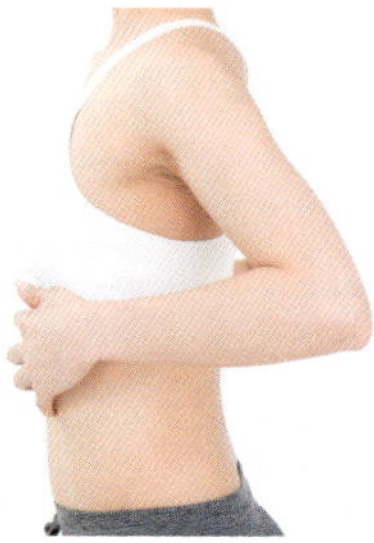

SIDE

息を吸いながら、アンダーバストの真下にある、
ろっ骨の内側に指を添えます。

×3回

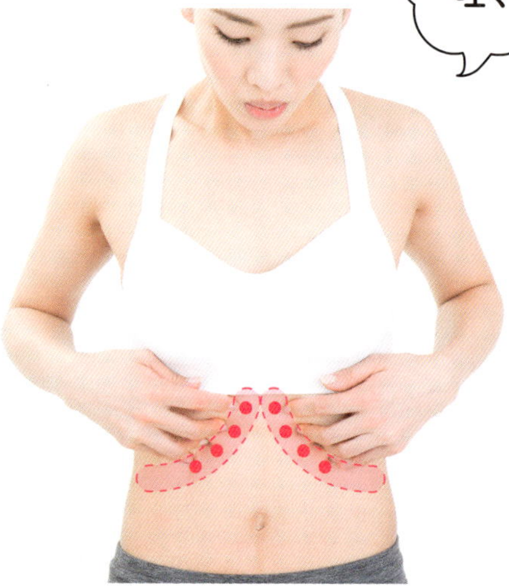

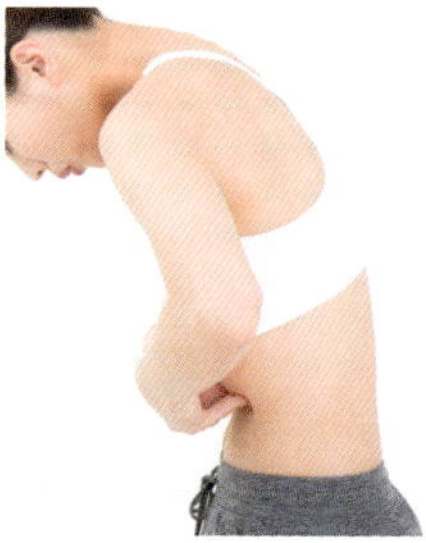

SIDE

息を吐きながら、皮膚を巻き込むように押します。
この動きを下のろっ骨にそって、少しずつずらし
ながら3回行ないましょう。

6 下腹部をほぐす

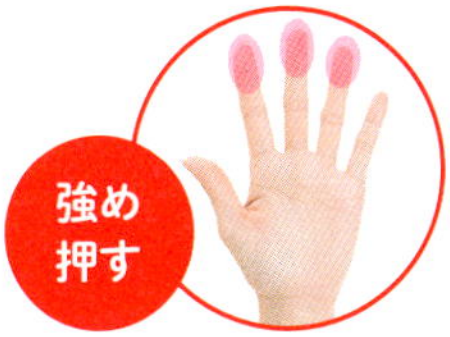

左の下腹部を両手の指先で、すくうように持ち上げて押します。

半円を描くように右の下腹部まで行ないましょう。

右のろっ骨下から下腹部が固い場合
→ 飲み過ぎ、食べ過ぎの傾向

左のろっ骨下から下腹部が固い場合
→ 便秘の傾向

7 ウエストをしぼる

×5回

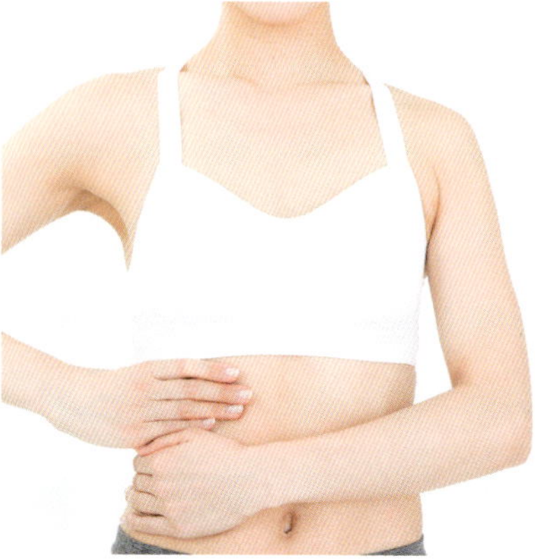

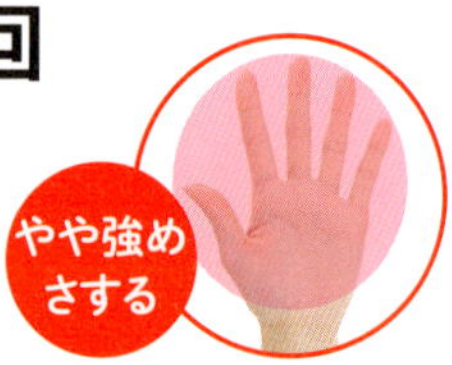

片方の手のひらをL字にし、囲むようにしてアンダーバストの下に添えます。もう片方の手はその下に添えます。

NG

腰をひねらないこと。下半身はつねにまっすぐ前を向いているようにします。

息を吸いながら、上半身を一度、後ろにねじります。

息を吐きながら、お腹の中心に両手をスライドします。この動きを5回行ないましょう。

反対側も同様に

8 老廃物を流す

吸う

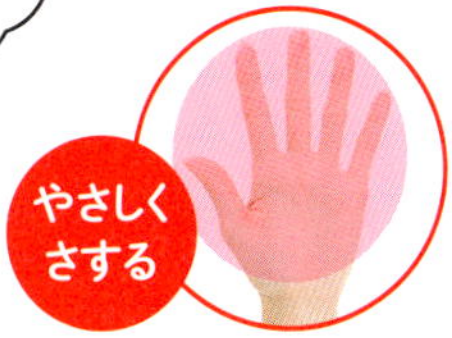

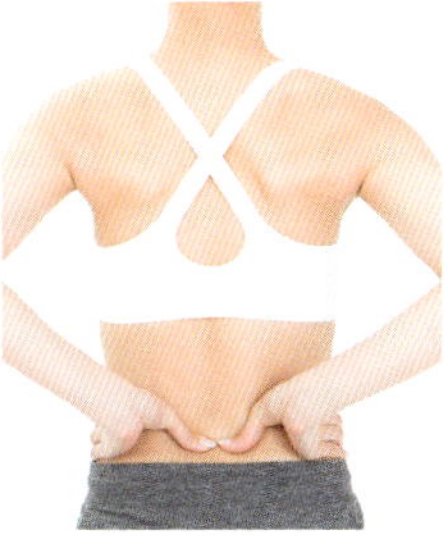

BACK

骨盤の後ろからそけい部（太ももの付け根）に向かって、やさしくさすりましょう。

×5回

吐く

FINISH

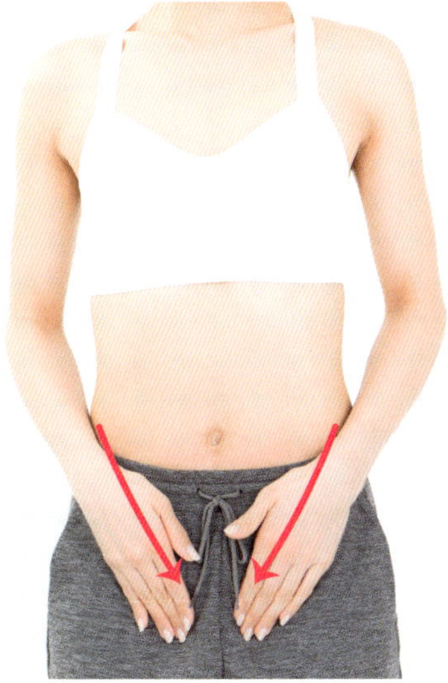

そけい部まで老廃物を流します。

POINT

- **「外側にねじる」が鉄則！**
  腕は多くの人が内側にねじれて癒着している。外側にねじって元の位置に戻すイメージで行なう。

- **肩コリにも効く！**
  同時に肩甲骨をほぐすので、肩のコリにも効果あり。

- **まずは老廃物を流して**
  ウォーミングアップメニュー（P32）を行なう。❺だけでもOK。

効果
二の腕のたるみがとれる／セルライトがたまりにくくなる／姿勢の改善／肩コリの改善

4 脱・プルプル 二の腕メニュー
ノースリーブも怖くない

1 手首を回す

強く握る

手を組んで、手首を8の字を描くように回します。

2分

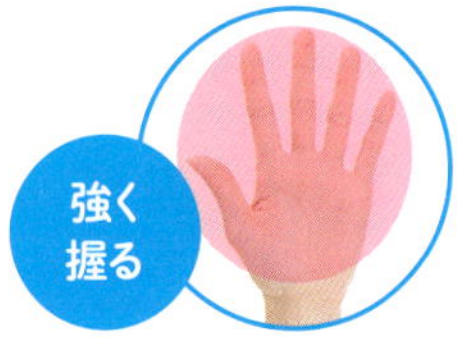

2 手首からひじ下までの皮膚をねじる

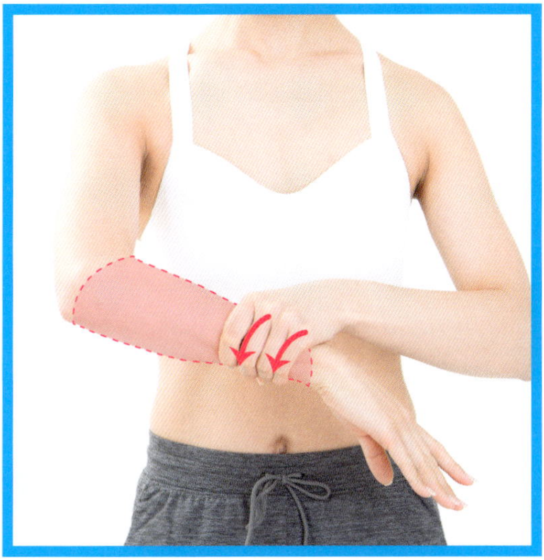

手首をつかみ、外側にやさしくキュッキュッとテンポよく皮膚をねじります。

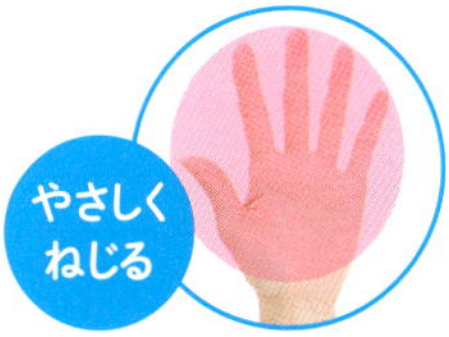

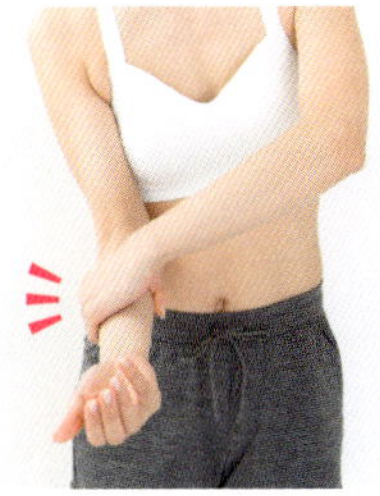

NG

手首を回転させないこと。手首、腕は動かさず、あくまでも皮膚の表面をねじります。

ねじりポイント

腕は細かい筋肉で構成されています。手のひら全体で包むようにやさしくつかみ、ねじります。動きの悪い部分は皮膚がゆがんで、そのまま強く癒着している証拠。回数を多めに行ないましょう。

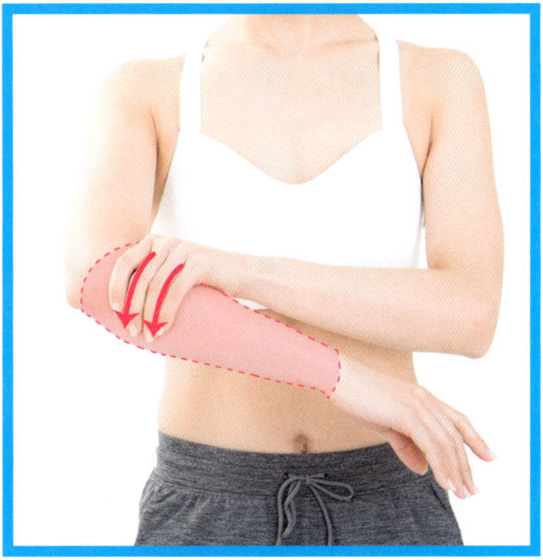

ひじ下まで行ないましょう。

3 二の腕の皮膚を外側にねじる

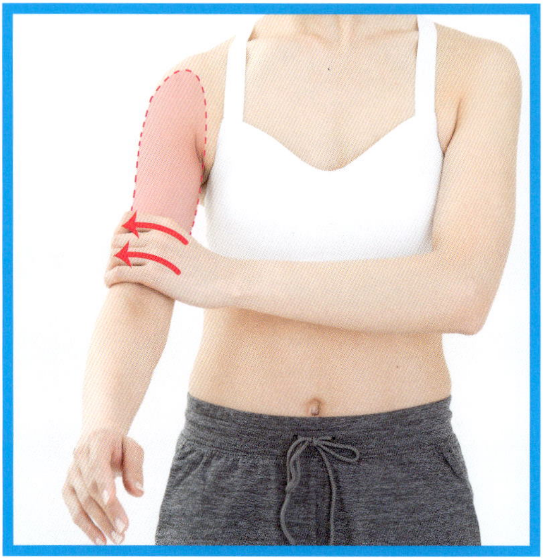

ひじ上をつかみ、外側にやさしくキュッキュッとテンポよく皮膚をねじります。

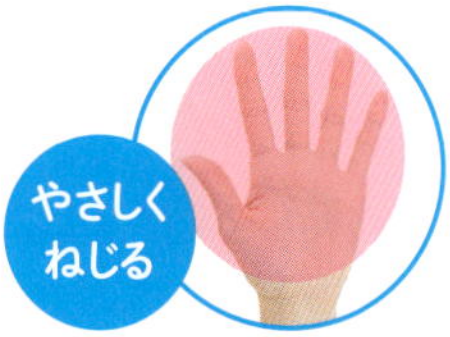

ねじりポイント

パソコンやスマホの習慣で巻き肩（肩が内側に入り込んでいる状態）の人が多く、それにともない腕も内側にかたよっている傾向にあります。皮膚を外側にねじり、元に戻すことで肩コリも改善します。

肩下まで行います。

4 肩を大きく回す

×5回

SIDE

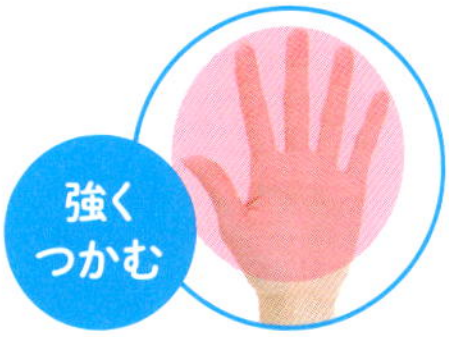

二の腕をつかみ、皮膚を外側にねじった状態で、肩を引き上げます。

SIDE

そのまま肩を後ろに回します。

ねじりポイント

肩甲骨を意識して回しましょう。皮膚は内側に巻き込まれているので、皮膚を外側にねじったまま回すことが大切です。すると手の届かない肩甲骨の内側も刺激でき、肩の可動域が広がっていきます。その結果、肩がこりにくくなります。
最初は回しにくいかもしれません。だんだんスムーズになっていくのを感じましょう。

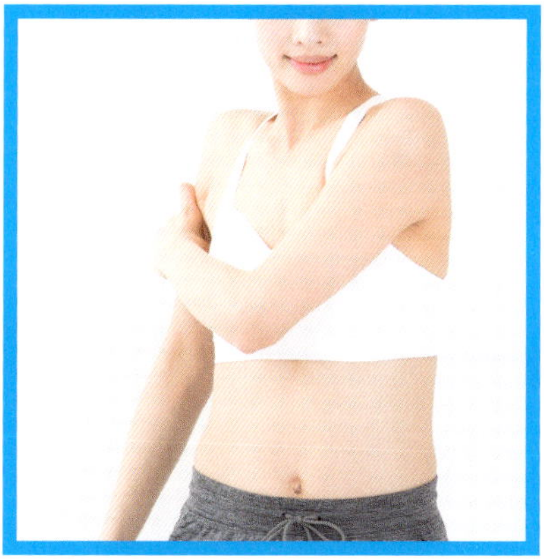

肩を 1 回転させせます。

SIDE

5 二の腕の外側の皮膚をねじる

二の腕の外側の皮膚をねじります。

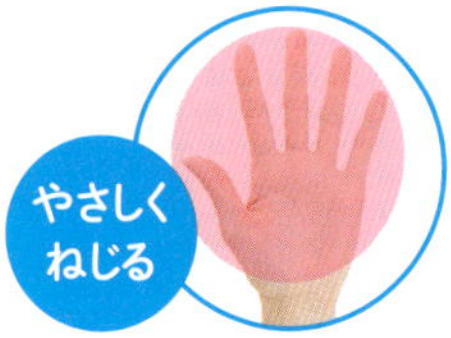

ねじりポイント

二の腕の裏側の筋肉、上《じょう》腕三頭筋《わんさんとうきん》のゆがみを正します。タプタプになりがちな二の腕の裏をしっかり刺激しましょう。

6 肩の皮膚を左右、上下に動かす

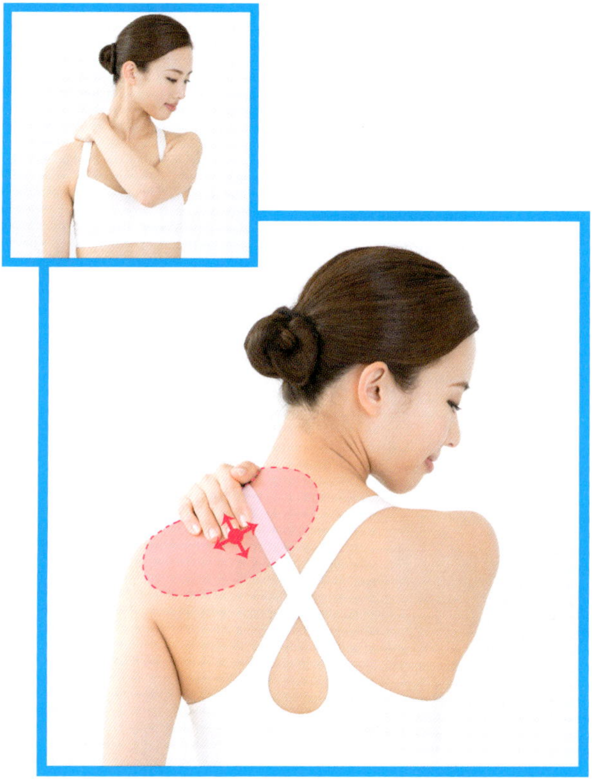

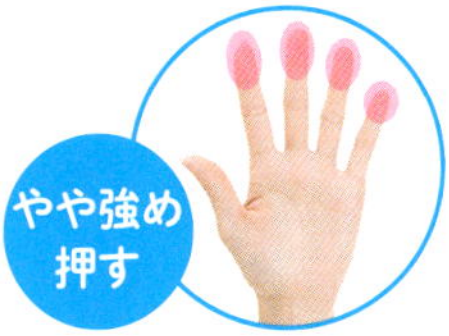

肩のやや後ろに手を置いて、指で押しながら
左右と上下に皮膚を動かします。

ねじりポイント

張りがちな僧帽筋《そうぼうきん》（背中にある大きな筋肉）の上部と中部のゆがみを取ることで、肩コリが緩和。腕の血流もアップします。

FINISH

2〜6を反対側も同様に

POINT

- 「首の後ろ」が大切！
  首の後ろは重要な筋肉が集まっているところ。まずは首の後ろをねじって癒着をリリース。

- 呼吸がラクになる！
  ろっ骨を開くので呼吸が深くなり、リラックスできる。

- まずは老廃物を流して
  ウォーミングアップメニュー（P32）を行なう。❺だけでもOK。

> 効果

首がすっきりする／デコルテがきれいになる／呼吸が深くなる／シワ予防／首コリの改善／肩コリの改善／頭痛の予防／顔のたるみの予防

5 女性らしさがアップ 見とれる首・デコルテメニュー

1　自然な姿勢でまっすぐ前を見る

自然な姿勢になります。立ち、座りどちらでもOKです。

2 首の後ろの皮膚を左右にねじる

×10回

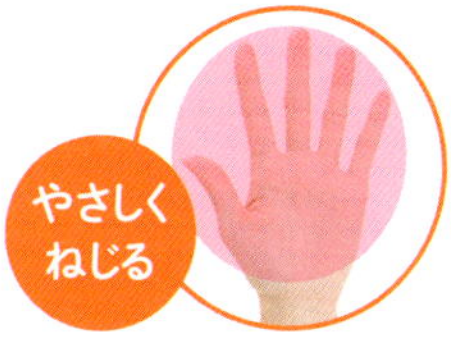

ねじりポイント

首の後ろには、前頭直筋《ぜんとうちょくきん》、頭長筋《とうちょうきん》、頸長筋《けいちょうきん》、外側頭《がいそくとう》直筋《ちょくきん》と呼ばれる４つの筋肉が集まっており、ここをやさしくねじることで筋肉が劇的にゆるみ、首のコリが解消します。

首の後ろに手のひら全体をあて、皮膚をやさしく左右にねじります。

×10回

手を入れ替えて同じように皮膚をねじります。

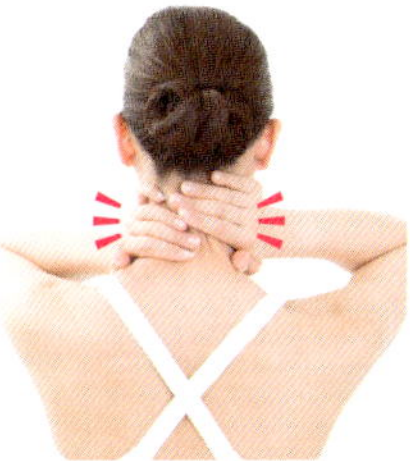

NG

力を入れてもみ込まないこと。

3　首の側面の皮膚をねじる

×10回

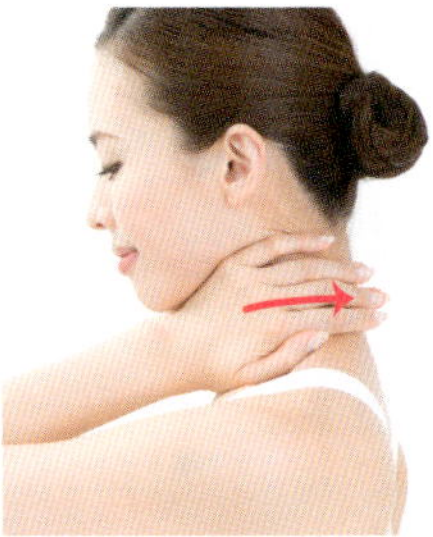

SIDE

首の横に手のひらをあて、やさしくテンポよく後ろに皮膚を動かします。

ねじりポイント

スマホやパソコンの作業を続けると、首がどんどん前に突き出てしまいます。その結果、首の皮膚も前にかたよっていくので、皮膚を元の位置に戻すイメージで行ないましょう。

4 老廃物を流す

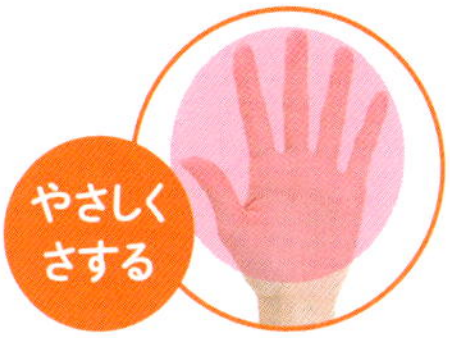

首全体を手のひらで包みます。

×5回

老廃物をわきにかけて流します。

5 ろっ骨を開く

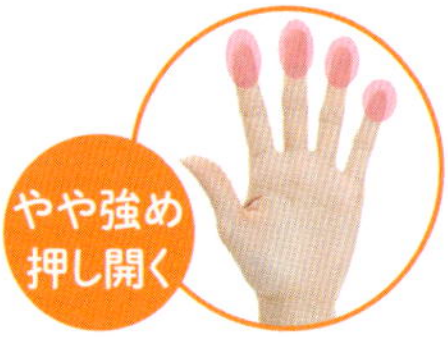

ねじりポイント

肋間筋《ろっかんきん》（ろっ骨とろっ骨の間にある筋肉）をゆるめて、デコルテの血行をアップさせます。肌に透明感が出て、埋まっていた鎖骨がきれいに出ます。また、呼吸が深く入るようになります。

胸の上のろっ骨の間に指を入れて、皮膚を左右に動かします。キュッキュッとテンポよく押しながら、胸を開くイメージで。

少しずつずらしながら、胸の上部全体を開きます。

ヤセにくい人は呼吸が浅い傾向にあります。深い呼吸ができるようになると、ヤセ体質に変わっていきます。

6 胸の上に手のひらを置いて、深呼吸

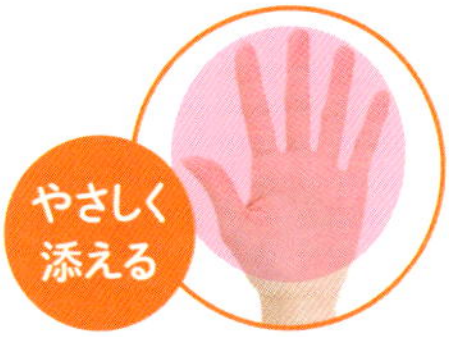

胸の上に手のひらを置いて、大きくゆっくり深呼吸します。息を吐き切ることで、ゆるめた皮膚がさらにゆるみます。

FINISH

POINT

- 体だけじゃない。頭皮もこっている！
  健康な人の頭皮は青白い。黄色や赤、茶色の頭皮は血流が悪く、こっている証拠。

- 顔のたるみの原因は、頭！？
  頭皮のコリは、頬のたるみやほうれい線、おでこのシワと密接な関係がある。

- まずは老廃物を流して
  ウォーミングアップメニュー（P32）を行なう。❺だけでもOK。

効果

頭がすっきりする／小顔／美髪／顔のシワ、くすみ、たるみの改善／二重あごの改善／頭痛の改善／首コリの改善

6 顔のたるみにも効果的 すっきりヘッドメニュー

1 耳を回す

×5回

やや強めつかむ

親指と人差し指で耳をつかみ、後ろと前に5回ずつ回します。

3分

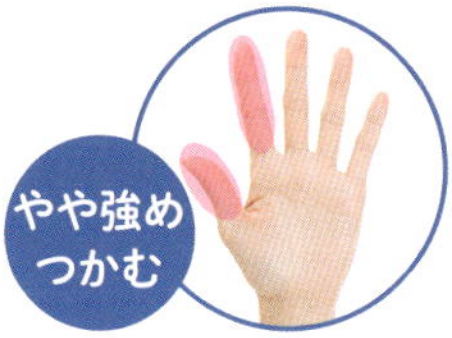

2 耳を引っ張る

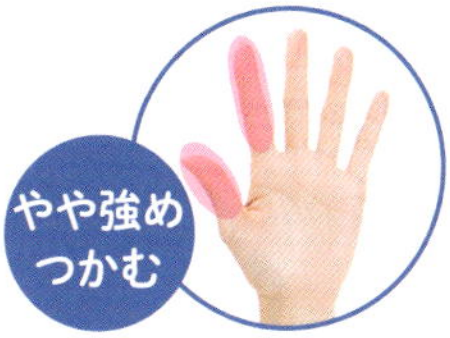

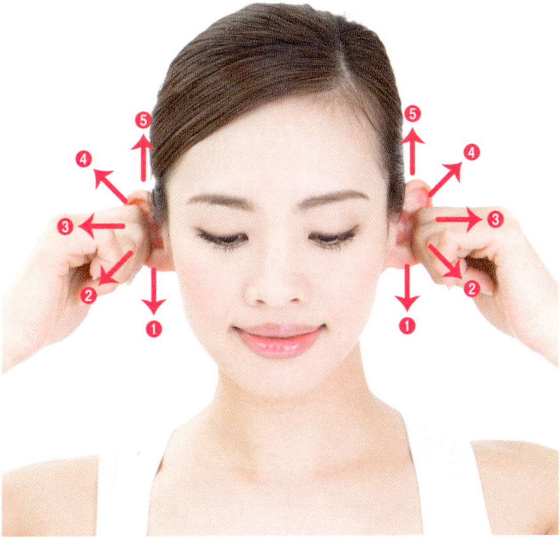

耳をつかみ、真下、斜め下、横、斜め上、真上に引っ張ります。

耳たぶではなく、耳の中のほうから引っ張るのがポイントです。むくみ解消、脂肪燃焼、食欲抑制など、多くのツボを刺激できます。

3 頭の側面から後方までをほぐす

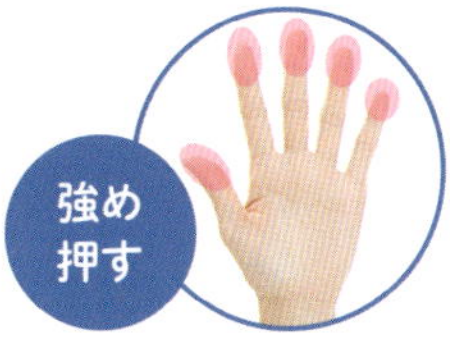

耳の上に指を添えて、後ろ方向に回しながら押しほぐします。少しずつずらしながら、頭の後方まで行ないましょう。

頭の側面が固いと、頬《ほお》を引っ張る力が弱まり、顔がたるむ原因になります。頭の骨と皮をはがすイメージで指先に力を入れましょう。

4 頭の側面から前方までをほぐす

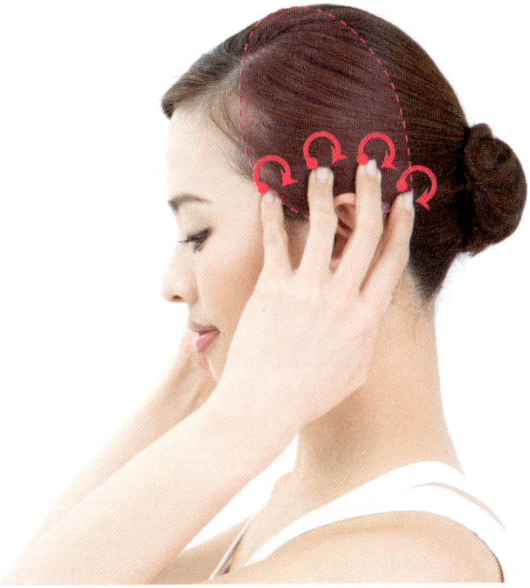

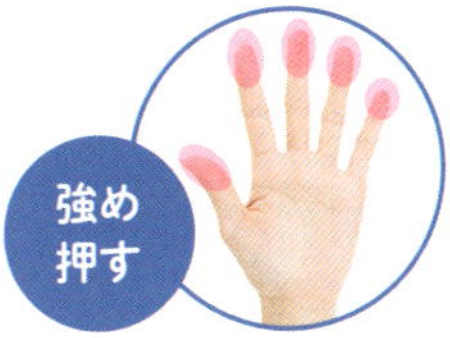

❸と同様に、耳の上から頭の前方まで、後ろ方向に回しながら押しほぐします。

!

頭皮がほぐれて、顔全体のくすみがやわらぎます。また、目尻のシワ、頬のたるみ、二重あごの予防に効果的です。

5 前髪の生え際から頭頂部までをほぐす

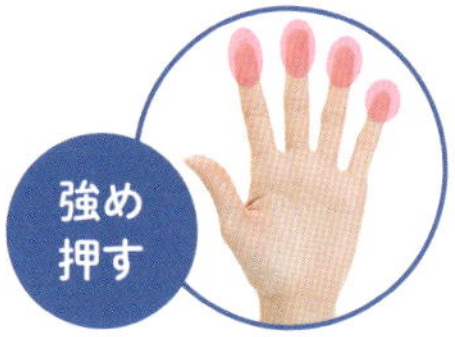

前髪の生え際に指を添えて、回しながら押しほぐします。
少しずつずらしながら、頭頂部まで行ないましょう。

!

前頭筋《ぜんとうきん》（頭の前方にある筋肉）をほぐすと頭皮がやわらかくなり、顔のむくみ解消と美髪効果があります。おでこにできる横シワにも効果的です。

6 首の付け根から頭頂部までをほぐす

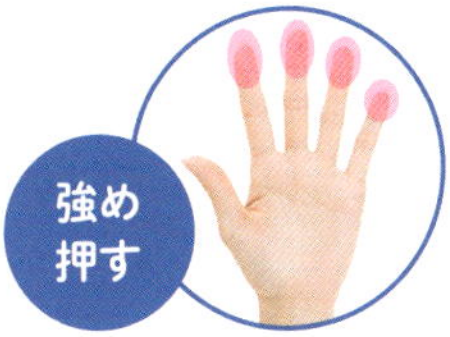

首の付け根に指を添えて、回しながら押しほぐします。
少しずつずらしながら、頭頂部まで行ないましょう。

!

頭の後ろにある後頭筋《こうとうきん》が固いと、おでこがむくみやすくなり、目が小さくなる原因になります。
また首と肩もこりやすくなります。

7 頭を前に倒す

吸う　吐く

×10秒

頭の後ろで手を組んで、息を吸って頭を前に倒します。
息を吐いて10秒間キープしましょう。

!

首の後ろが気もちよく伸びるのを感じて。

8 頭頂部をほぐす

×2回ずつ

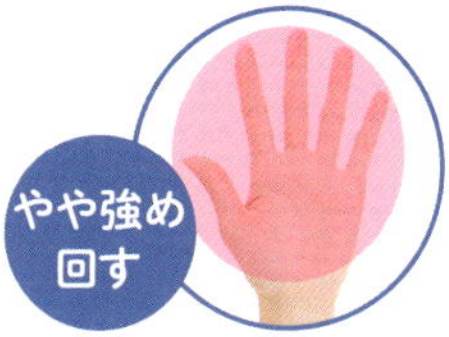

頭頂部で手を組み、前後、左右に２回ずつ力を入れながら動かします。最後に同じ力加減で円を描きます。

FINISH

POINT

- **顔の毛細血管がよみがえる！**
  顔の皮膚を細かく刺激することで、毛細血管が活性化されて、顔色がパッと明るくなる。

- **スキンケアと一緒に！**
  顔のお手入れ後、すぐに行なうのがおすすめ。

- **まずは老廃物を流して**
  ウォーミングアップメニュー（P32）を行なう。⑤だけでもOK。

効果

小顔／顔色が明るくなる／むくみの改善／たるみの改善／クマの改善／シワの改善

1 自然な姿勢でリラックス

自然な姿勢になります。立ち、座りどちらでもOK。

2 鎖骨をほぐす

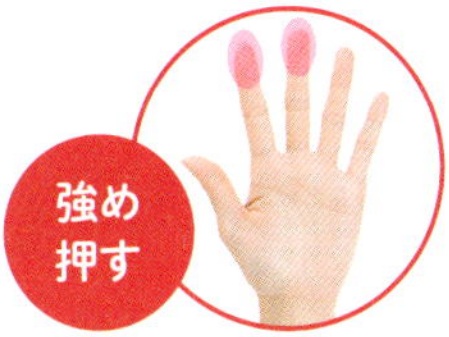

人差し指と中指で鎖骨をはさみ、グッと押します。押したまま左右に動かしほぐします。3回～4回に分けて、鎖骨全体に行ないましょう。

反対側も同様に

ねじりポイント

鎖骨の皮膚が固いと、頬《ほお》の筋肉が引っ張られて、顔のたるみの原因になります。しっかりほぐしましょう。

3 老廃物を流す

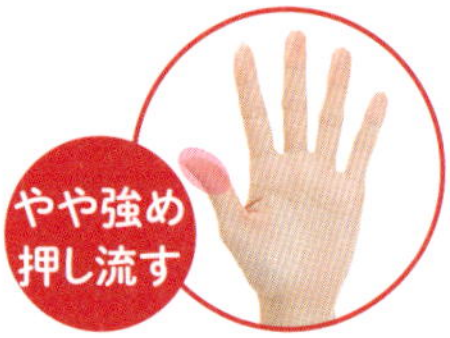

あごの裏に親指をあてて、フェイスラインにそって耳の下までスライドします。位置をずらして行ないましょう。

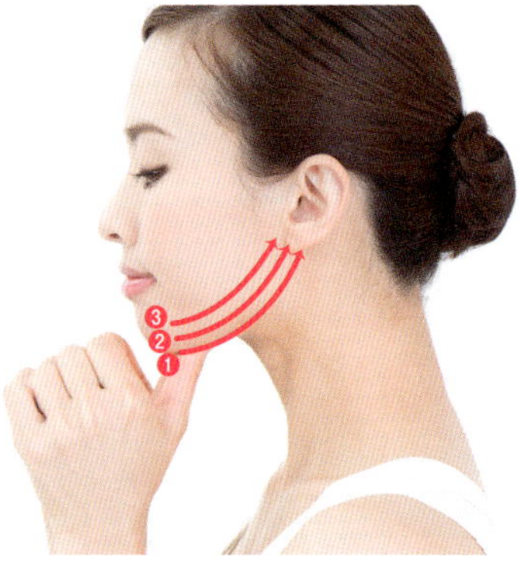

4 首を伸ばす

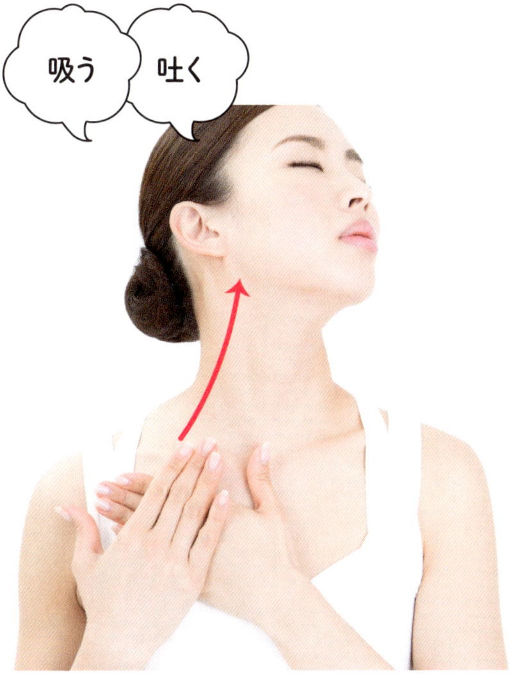

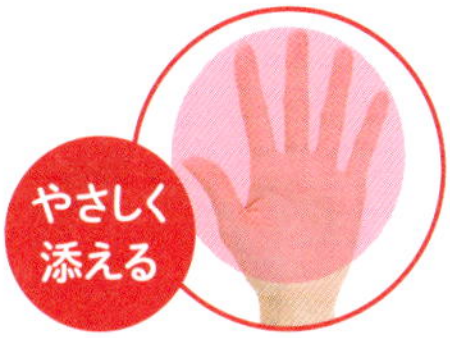

鎖骨の下に手を置いて、斜め上を見るように頭を後ろに倒します。10 秒間かけてゆっくり息を吸って吐き切ります。

反対側も同様に

!

首とフェイスラインがじんわりと伸びるのを感じましょう。

5　頬の皮膚をねじる

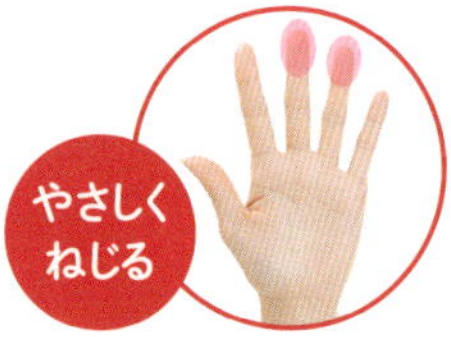

ねじりポイント

力を抜いて皮膚の表面をさするように行ないましょう。表面をさすることで、毛細血管の流れが活発になり、酸素、栄養素が顔に行き渡ります。

中指と薬指を上下に動かしながら、皮膚をやさしくねじります。

❶あごの中心から耳の下　❷口角から耳の真ん中

❸小鼻からこめかみ　を行ないます。

NG

力を入れて頬をつぶさないようにしましょう。顔は細かい血管が多く、強い刺激を与えると傷めてしまいます。

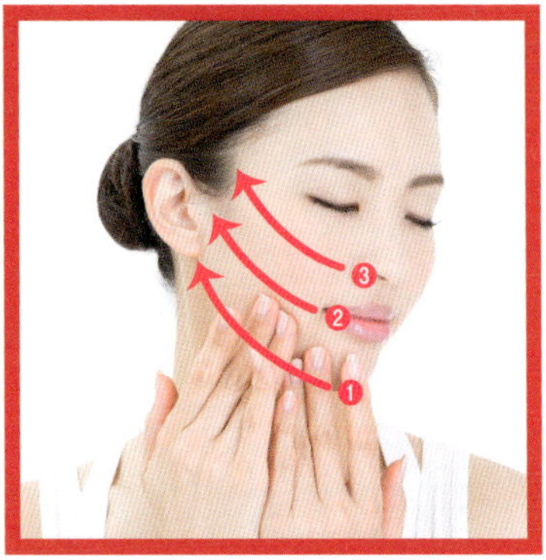

反対側も同様に

6 おでこの皮膚をねじる

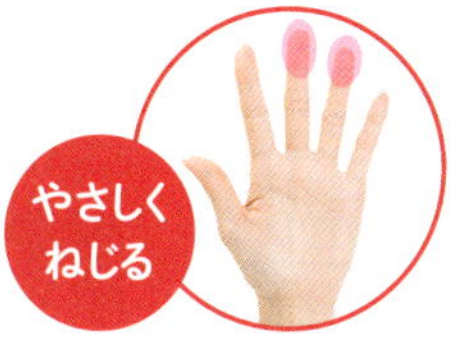

ねじりポイント

おでこをおおう前頭筋《ぜんとうきん》をゆるめましょう。おでこのシワに効果的です。

こめかみに中指と薬指をあて、上下に動かしながら皮膚をやさしくねじります。

反対側も同様に

7 鼻の皮膚をねじる

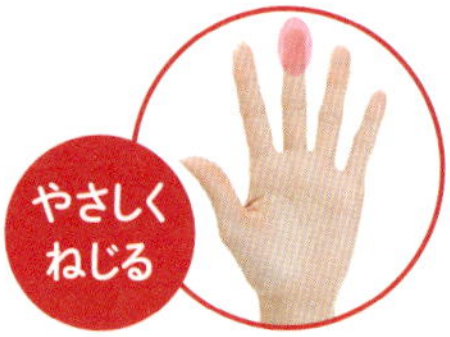

鼻のいちばん高いところに中指をあて、左右に動かします。眉間まで皮膚をやさしくねじりましょう。

ねじりポイント

鼻の皮膚をやさしく刺激することで、血行がよくなりむくみが取れ、きれいな鼻筋になります。とくに団子鼻に効果的です。

NG

力を入れて鼻をつぶさないようにしましょう。あくまでも皮膚の表面を動かします。

8 目の下を押す

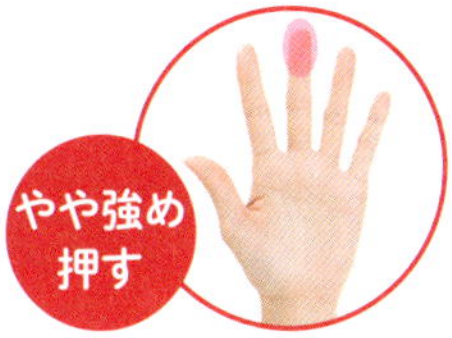

中指で目の下の骨のきわを押します。目頭、目の真ん中、目尻の下を押します。

目の下のたるみに効くツボです。クマ解消にも効果があります。

9 眉毛をつまむ

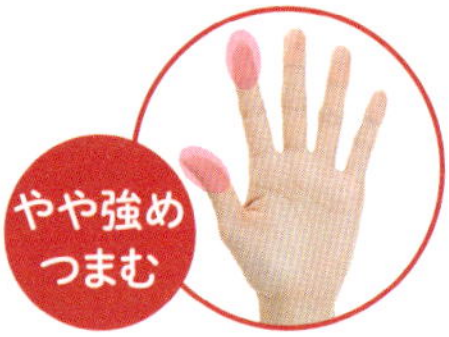

眉頭、眉山、眉尻を３秒ずつ、つまみます。

目の下のたるみに効くツボです。

10 手のひらで頬を包む

頬《ほお》を手のひら全体で包みます。20 秒間、深呼吸を繰り返しましょう。

FINISH

「腸のケア」が、「ヤセる」を加速する

本書で紹介した皮膚ねじりダイエットとともにぜひ取り組んでほしいのが、腸のケアです。

１９８０年代、アメリカのコロンビア大学医学部教授のマイケル・D・ガーション博士が「腸は第二の脳である」という学説を発表しました。腸には約1億個の神経細胞が張り巡らされていて、それは脳の神経細胞についで2番目に多いという内容でした。このことから腸はセカンドブレイン、つまり「第二の脳」であることがわかったのです。

これは今や常識として広まっているので、ご存じの方も多いでしょう。

神経細胞が存在する大腸は、自律神経とつながっています。脳がストレスを感じると、自律神経を介して大腸に伝わります。それによって下痢や便秘などのよくある不調から、うつなどメンタルの不調も引き起こすのです。

また、腸の働きが弱まると〝栄養が吸収されにくくなる〟〝体内に毒素をため込んでしまう〟〝細胞の入れ替わりが弱まる〟といったことにもつながります。

このように腸はとても大切な場所。腸を整えることが、体を整える第一歩といっても過言ではありません。ここでは腸を守り、活性化するポイントをお伝えします。

根菜類と海藻を食べる

よく耳にする食物繊維ですが、じつは2つの種類があります。水に溶けにくい不溶性食物繊維と、水に溶けやすい水溶性食物繊維です。この摂取量のバランスが重要で、不溶性食物繊維（ごぼうなどの根菜類など）と、水溶性食物繊維（わかめ、こんぶなど）は2対1の割合が理想的です。

不溶性食物繊維は便秘をやわらげ、水溶性食物繊維は硬い便を出しやすくします。

―― 発酵食品を食べる

ヨーグルト、納豆、みそ、塩こうじ、ぬか漬けなど、発酵食品を意識してとりましょう。

これらの発酵食品には、腸内環境を整える善玉菌である、乳酸菌が多く含まれています。

腸が正常に機能しないと、腸内細菌によって腐敗物質が発生します。腐敗物質は、腸内で有害物質に変わったり、さらには腸壁を介して体内に吸収されたりして、病気の原因になる恐れがあります。乳酸菌には、その腐敗物質の増加を抑える働きがあるのです。

また、体外から侵入する病原菌とたたかう免疫細胞も腸には多数存在しており、発酵食品に含まれる微生物は、この免疫細胞を活性化することもわかっています。

発酵食品をとり、代謝を上げて、免疫力を高めましょう。そして老廃物の排出力を高めましょう。

腸活 水の飲み方

起床したら、1杯の水を飲む

COLUMN

まずは朝一番に、休んでいた腸を活性化させるのが大事。

2時間おきに、適量の水を10回に分けてゆっくり飲む

じん臓のサイズは、自分の握りこぶしくらいの大きさで、ろ過できる量が体重50kgで200cc（計量カップ、1カップぶん）といわれています。一度にたくさん飲むと、じん臓がおぼれた状態になってしまい、その結果むくみの原因となります。少量ずつゆっくり飲み、毒素排出を心がけることが大切です。

腸活 ミニレシピ

1 納豆1パックに刻んだキムチと、玉ねぎのみじん切り適量を入れて混ぜ合わせる
2 冷蔵庫で1晩寝かせる
3 翌朝食べる

夜の間にキムチの乳酸菌が大量に増えて、腸内環境にすばやく効果を発揮します。

■ご協力いただいたサロン一覧

このたびは多くのサロンの皆様にご協力いただきました。
この場を借りて厚くお礼申し上げます。

北海道・東北・北陸

- salon de beaute SALA（青森県弘前市）
- Spazio（富山県富山市）
- Healing Space かぐやひめ（富山県高岡市）
- World Beauty（新潟県新潟市）
- Esthetic salon aura（福井県勝山市）
- salon de beaute R&m（北海道旭川市）
- 株式会社 ASARI Total beauty salon Dlux（北海道札幌市）
- BEAUTY MAISON　風の森 - 仙台 -（宮城県仙台市）

関東

- Spica（東京都渋谷区）
- Body Rest Salon Sunny Days（東京都港区）
- エステサロン TaPa（神奈川県川崎市）
- Lumias（神奈川県相模原市）
- Relax&Beauty salon Cantik（神奈川県相模原市）
- 横浜元町 Beauty Pro（神奈川県横浜市）
- relaxation salon Soleil（千葉県市原市）
- ぐり～んりぷる（千葉県白井市）
- 株式会社ビー・エイチ（千葉県千葉市）
- エステサロン Radiance（茨城県鹿嶋市）
- PRECIOUS（埼玉県南埼玉郡）
- 健康・漢方 エステサロンはな（埼玉県越谷市）
- マロニエ整骨鶴田院 メディカルエステ アンフルール（栃木県宇都宮市）
- Beauty&Stone Spa 花　- 佐野 -（栃木県佐野市）

中部

- エステ＆リラクゼーションサロン Dione（愛知県安城市）
- アトリエ YUKI（愛知県大府市）
- 筋膜リリース×整体×エステ Graceline（愛知県名古屋市）
- ビューティーサロン エレガンスラボ（愛知県名古屋市）
- Total Salon olu'olu（愛知県名古屋市）
- 東洋医学トータルサロン レトワール鍼灸院（愛知県名古屋市）
- Lazuli ala（静岡県静岡市）
- Lutella 桑名店（三重県桑名市）
- Health Labo LUXE（三重県鈴鹿市）
- Lutella 鈴鹿店（三重県鈴鹿市）
- Lutella 白子店（三重県鈴鹿市）
- Anrire ～アンリール～（三重県津市）
- Lutella 四日市店（三重県四日市）

近畿

- Ring Private Salon（大阪府大阪市）
- リラクゼーションサロン パーム（大阪府大阪市）
- 神音～ kagura ～（大阪府大阪市）
- Hana（大阪府大阪市）
- DetoxSPA +1℃プラスイチド（大阪府大阪市）

・痩身と癒しのリンパサロン Cocco（大阪府大阪市）
・relaxation room ねねこんち（大阪府大阪市）
・あいおい整骨院（大阪府大阪市）
・BALI SAYA SPA （大阪府大阪市）
・Layla（大阪府大阪市）
・Total therapeutic & relax salon Hands On（大阪府大阪市）
・レディースシェービングサロン コスモス（大阪府大阪市）
・痩身専門エステサロンベレン（大阪市浪速区幸町）
・足裏幕府（大阪府東大阪市）
・L'amulette（大阪府豊中市）
・エステ パル ユキ（大阪府八尾市）
・PREHNITE 西陣（京都府京都市）
・アトリエ La Deesse（滋賀県近江八幡市）
・Body Care feela（滋賀県長浜市）
・リラクゼーションサロン ラファエル（滋賀県米原市）
・SOIN ビューティーサロン＆スクール（奈良県橿原市）
・トータルサロン Venus（奈良県奈良市）
・VIVACE（兵庫県川西市）
・Garyu のはなれ（兵庫県神戸市）
・Kanstyle（兵庫県西宮市）
・アンチエイジングサポート KAATSU（和歌山県岩出市）
・RELAXATION ROOM CORUGINO（和歌山県岩出市）
・healing salon ～ corallo ～（和歌山県日高郡）

四国・中国

・OUTCOME（愛媛県松山市）
・Soin Therapy（岡山県岡山市）
・美ボディエステ専門店 ロータス（香川県高松市）
・fraia（香川県高松市）
・beauty salon キヨの部屋（広島県広島市）
・リラクゼーションサロン flip（広島県広島市）
・bamboo（広島県福山市）
・B ～ 2（広島県福山市）
・エステルーム Clear（山口県宇部市）
・快足の店 花・はな（山口県防府市）
・株式会社ビ・メーク（山口県山口市）

九州

・SABLIER（大分県大分市）
・エステサロン PARK（鹿児島県姶良市）
・Mahalo（福岡県田川市）
・Myu（福岡県福岡市）
・リラクゼーションサロン　Mana（福岡県古賀市）
・脱毛エステサロン with you（福岡県福岡市）
・Stylish Salon Feel（宮崎県延岡市）

沖縄

・salon du　Lian（沖縄県国頭郡）
・くつろぎ処 癒家（沖縄県宮古島市）

※敬称略

プロによる「軟部組織リリース」の施術を受けたい方は、
お近くのサロンへお出かけください。

著者

新居理恵 あらい・りえ

元ミスワールドジャパン　ビューティーアドバイザー。株式会社マッコイ代表。
1973年生まれ。
20代までダイエット、リバウンドを繰り返し、なかなか思うようにいかない過去をもつ。そんな試行錯誤の経験をもとに、2005年にマッコイを設立し、エステサロンを開業する。痩身クリームの商品開発に乗り出し、「ノンFエナジークリーム」が大ヒット。日本の著名人はもちろん、海外のセレブリティからも絶大な支持を集める。芸能人、プロスポーツ選手、格闘家など、愛用者は幅広い。医師監修のもと開発した痩身エステメニュー「軟部組織リリース」は、短期間で確実にヤセると、エステ業界で評判を呼ぶ。2017年4月にはプロ向けにスクールを開講。今では「軟部組織リリース」を看板メニューとするエステサロンが150店舗あり、引き続きマッコイ認定サロンが全国で増加中。
エステ業界、次世代のカリスマとして注目を集める若手女性実業家である。

株式会社マッコイ　http://www.mccoy-nonf.com/
ブログ　https://ameblo.jp/mccoy-spa/

監修者

山口修司 やまぐち・しゅうじ

医師。1961年生まれ。
東邦大学医学部卒業。東邦大学医学部救命救急センター .LCUなどを経て、医療法人社団修医会理事長グループ統括院長就任。
日本美容再生医療学会代表理事、日本臨床再生医療学会代表理事、国際抗老化再生医療学会理事、上海中医薬大学理事及び客員教授、自己再生医療研究会代表、総合医化学研究所代表などを務め、日本内科学会正会員 、日本整形外科学会正会員、日本美容外科学会正会員、日本再生医療学会正会員でもある。
再生医療、とくに幹細胞について研究しており、一般の治療に幅広く活用できることをめざしている。

皮膚ねじりダイエット

2018年6月14日 初版発行

著者　新居理恵
監修　山口修司

発行者　鶴巻謙介
発行所　サンクチュアリ出版
〒113-0023　東京都文京区向丘2-14-9
TEL03-5834-2507　FAX 03-5834-2508
URL　http://www.sanctuarybooks.jp/
E-mail　info@sanctuarybooks.jp

印刷・製本　中央精版印刷株式会社

©Rie Arai 2018,PRINTED IN JAPAN

※本書の内容を無断で、複写・複製・転載・データ配信することを禁じます。
定価およびISBNコードはカバーに記載してあります。
落丁本・乱丁本は送料弊社負担にてお取り替えいたします。